Dr. Jan-Dirk Fauteck — SEROTONIN

DR. JAN-DIRK FAUTECK

Serotonin

Der Schlüssel zu Glück und Wohlbefinden

In Zusammenarbeit mit Andrea Eder

Brandstätter

Dieses Buch wird Ihnen gewidmet von:

INHALT

II. SEROTONIN IM PRAXISALLTAG

VORWORT

Kaum ein Botenstoff des menschlichen Körpers hat in den letzten Jahrzehnten so viel wissenschaftliche Aufmerksamkeit erhalten wie Serotonin. Vielen ist Serotonin als „Glückshormon“ bekannt, doch diese Bezeichnung greift eigentlich viel zu kurz.

Denn Serotonin ist weit mehr als nur ein Stimmungsaufheller, vielmehr wirkt es im Gehirn wie ein fein abgestimmter Dirigent, der Gefühle, Schlaf, Appetit, Sexualität und sogar soziale Bindungen orchestriert.

Aber nicht nur im Gehirn übernimmt Serotonin eine tragende Rolle: Rund 90 Prozent des Serotonins werden nämlich im Darm produziert, wo es Verdauung, Immunabwehr und die Kommunikation zwischen Körper und Gehirn beeinflusst.

Forschungsarbeiten der letzten Jahre zeigen immer deutlicher, dass Serotonin ein Schlüsselfaktor für ein langes, gesundes Leben und der zentrale Botenstoff für seelisches und körperliches Gleichgewicht ist. Sie verdeutlichen außerdem, warum eine gestörte Serotonin-Balance mit so unterschiedlichen Beschwerden wie etwa Depressionen, Angststörungen, Alzheimer, Parkinson, Fibromyalgie, Schlafstörungen, Diabetes, Krebs, sexuellen Funktionsstörungen oder Reizdarmsyndrom in Zusammenhang steht.

Durch diese Erkenntnisse eröffnen sich faszinierende neue Perspektiven: etwa, wie eine ausgewogene Ernährung, spezielle Nahrungsergänzungen, ein adaptiertes Mikrobiom, moderate Bewegung oder sogar das intermittierende Fasten die Serotonin-Aktivität verändern können – und damit auch unser Denken, Fühlen und Handeln positiv beeinflussen.

Dr. Jan-Dirk Fauteck gibt in diesem Buch einen umfassenden Überblick über die Forschungsergebnisse sowie klinischen Studien der letzten Jahrzehnte und setzt sie anschaulich und verständlich in einen Zusammenhang mit den jeweiligen Krankheits bildern.

Zuerst beschreibt der Autor klar und deutlich, wie Serotonin produziert und ausgeschüttet wird, welche Funktionen es übernimmt, wie das empfindliche Gleichgewicht des Serotonin-Stoffwechsels gestört wird. Zudem führt er wichtige Einflussfaktoren an, die auf die Serotonin-Effekte einwirken können.

Anschließend werden die einzelnen Krankheitsbilder, die mit einer Serotonin-Störung in Verbindung stehen, vorgestellt. Dabei erfolgt eine genaue Analyse der unterschiedlichen Wirkmechanismen, um dort – wo möglich – neue Therapieansätze ableiten zu können.

Ein spezieller Fokus des Buches richtet sich darauf, den komplexen und wissenschaftlichen Inhalt in eine möglichst allgemein verständliche Sprache zu überführen, damit auch Leserinnen und Leser mit geringen medizinischen Vorkenntnissen einen praktischen Nutzen davon haben. Dies ist ein wesentlicher und überaus wertvoller Beitrag zum Verständnis des so wichtigen Botenstoffs Serotonin für die menschliche Gesundheit.

Dieses Buch wird für alle, die es lesen werden, überaus lehr- und hilfreich sein, da es die neuesten Erkenntnisse aus Wissenschaft und Forschung mit praktischem Nutzen für den Alltag verbindet.

Ich wünsche Ihnen viel Vergnügen beim Lesen.

Prof. Bojidar Stankov
Präsident der Interchron
International Forum for Chronobiology
Mailand/Italien

EINLEITUNG

Sie wünschen sich mehr innere Ruhe, emotionale Ausgeglichenheit und möchten Ihre Gesundheit – unabhängig von Ihrem Alter – positiv beeinflussen? Serotonin, ein Multitalent unter den körpereigenen Botenstoffen, kann Sie dabei unterstützen.

Als sogenanntes Glückshormon spielt Serotonin nämlich eine zentrale Rolle für unser seelisches Wohlbefinden und trägt so dazu bei, dass wir uns stabil, ruhig und zufrieden fühlen. Kein Wunder also, dass ein Mangel an Serotonin häufig mit Depressionen und Angststörungen in Verbindung gebracht wird.

Serotonin kann aber noch viel mehr: Gemeinsam mit Melatonin steuert es den Schlaf-Wach-Rhythmus. Darüber hinaus spielt es eine wichtige Rolle bei kognitiven Prozessen wie Gedächtnis und Lernfähigkeit. Gleichzeitig reguliert es die Wundheilung, Blutgerinnung sowie den Spannungszustand der Blutgefäße und unterstützt damit ein gesundes Herz-Kreislauf-System. Zudem ist Serotonin an der Schmerzerkennung und -verarbeitung beteiligt. Auch unser Sexualverhalten und die Sexualfunktionen werden durch Serotonin beeinflusst. Außerdem hilft es, die Körpertemperatur im Gleichgewicht zu halten, und steuert das Hungergefühl sowie die Nahrungsaufnahme – das heißt, ob wir Hunger haben und wie viel wir essen, hängt vom Serotonin-Gehalt in unserem Körper ab.

Im Darm kommt mit 90 bis 95 Prozent übrigens der Großteil des Serotonins im menschlichen Körper vor: Hier nimmt es Einfluss auf die Magen-Darm-Tätigkeit und unterstützt die Funktion des Darms, sprich die Verdauung. Ein Beispiel für die geniale Wirksamkeit des Serotonins im Magen-Darm-Trakt: Wenn Sie etwas Giftiges oder für den Körper Ungenießbares zu sich genommen haben, schrillen in den enterochromaffinen Zellen – jenem Ort, wo Serotonin im Magen-Darm-Trakt produziert wird – sozusagen die Alarmglocken. Serotonin wird umgehend in großen Mengen ausgeschüttet, was in weiterer Folge zu einer erhöhten Darmaktivität führt, da der Körper die unerwünschten Substanzen so schnell wie möglich ausscheiden will. Zugleich wird über die Gehirn-Darm-Achse ein Signal an den Hirnstamm weitergegeben, einem weiteren Produktionsort von Serotonin, um auch dem Gehirn die potenzielle Gefahr zu vermitteln. Dies führt wiederum zu einer Aktivierung des Brechzentrums – unangenehm, aber unbedingt lebensrettend.

Wie Sie anhand dieses kurzen Überblicks sehen können: Serotonin ist ein überaus bedeutendes Hormon für unsere mentale und körperliche Gesundheit.

Serotonin im Laufe der Evolution

Serotonin ist ein sehr altes Molekül, das sich bereits vor Millionen von Jahren entwickelte. Es kommt sowohl in einfachen Lebensformen wie Einzellern und Schwämmen als auch in komplexen Organismen wie Pflanzen und Wirbeltieren vor. (Yabut et al. 2019) In Pflanzen – dort als Phytoserotonin bezeichnet – wurde es erstmals 1954 in der Juckbohne (Mucuna pruriens) nachgewiesen. (Bowden et al. 1954) Inzwischen weiß man: Serotonin spielt in allen Entwicklungsstadien der Pflanzenwelt eine wichtige Rolle – von der Keimung über das Wachstum und die Fortpflanzung bis hin zur Stressresistenz und somit dem Überleben der Pflanze (siehe Abbildung 1). Zudem besitzt Serotonin auch in Pflanzen eine antioxidative Wirkung und wirkt dadurch als natürliches Schutzmittel gegen eine Vielzahl von schädlichen Stoffen. (Erland et al. 2015)

Interessant ist, dass Pflanzen überhaupt über eine erstaunlich hohe Menge an Serotonin verfügen. So können Walnüsse beispielsweise bis zu 400 µg/g Serotonin enthalten. Und noch eine andere Pflanze ist in diesem Zusammenhang von besonderem Interesse: die Afrikanische Schwarzbohne – botanischer Name: Griffonia simplicifolia –, die über einen sehr hohen Anteil an 5-Hydroxytryptophan (5-HTP) verfügt – ein Stoff, den der Körper braucht, um Serotonin überhaupt produzieren zu können, und von dem Sie noch ausführlich lesen werden.

Was Sie besonders interessieren dürfte, wenn Sie Hobbygärtner sind: Die Brennhaare in Brennnesseln, die das unangenehme Brennen und die Reizreaktion bei Berührung hervorrufen, enthalten neben Histamin, Acetylcholin und Ameisensäure auch Serotonin, und zwar als natürliches Abwehrgift. Die positive Nebenerscheinung für den Menschen: Durch das Brennen werden die Durchblutung angeregt und die Muskelzellen aktiviert, was durchaus einen medizinischen Nutzen haben kann. Vielleicht denken Sie bei der nächsten unliebsamen Begegnung daran?

Abb. 1: Überblick über die physiologischen Rollen von Serotonin bei Pflanzen
(modifiziert nach Erland et al. 2015)

Serotonin in Tieren

Bei Tieren wurde Serotonin sogar noch früher entdeckt – bereits in den 1930er-Jahren. Es kommt in praktisch allen Tierarten vor, von einfachen wirbellosen Tieren bis hin zu Säugetieren. Auch hier übernimmt es viele wichtige Aufgaben: Es reguliert unter anderem die Körpertemperatur, steuert die Schmerzverarbeitung, beeinflusst Bewegungsabläufe, Lernprozesse und Fluchtreaktionen.

Serotonin wirkt sich zudem deutlich auf das Wohlbefinden aus: Haben Tiere wie Hunde oder Pferde zu wenig davon, zeigen sie oft ängstliches, aggressives oder gestresstes Verhalten. Auch das Sozialverhalten wird durch Serotonin gesteuert – ein bekanntes Beispiel sind Wüstenheuschrecken: Eigentlich leben sie als Einzelgänger, doch durch einen Anstieg des Serotonin-Spiegels werden sie plötzlich gesellig und bilden riesige Schwärme, die zur Plage werden können. (Anstey et al. 2009)

Wie beim Menschen beeinflusst Serotonin auch bei Tieren das Gedächtnis und steuert bestimmte Lernprozesse – ein Vorgang, der auch bei Meeresschnecken beobachtet wurde. Für diese Erkenntnis wurde der österreichisch-US-amerikanische Psychiater und Neurowissenschaftler Eric Kandel im Jahr 2000 mit dem Nobelpreis ausgezeichnet.

Entdeckung von Serotonin beim Menschen

Als Entdecker von Serotonin im menschlichen Körper gilt der italienische Pharmakologe Vittorio Erspamer, der 1935 eine gefäßaktivierende Substanz aus der Darmschleimhaut isolierte, die er als Enteramin bezeichnete. 13 Jahre später,

1948, erforschten die drei amerikanischen Wissenschaftler Maurice M. Rapport, Arda A. Green und Irvine H. Page einen gefäßverengenden Stoff im Blutserum, dem sie den Namen Serotonin gaben, eine Zusammensetzung von „Serum“ und „tonic“ für spannungssteigernd. (Rapport et al. 1948) Anfang der 1950er-Jahre stellte sich heraus, dass beide Substanzen, das heißt Enteramin und Serotonin, identisch waren. Ein nächster Meilenstein der Serotonin-Forschung gelang 1953, als Page und Betty Mack Twarog nachwiesen, dass Serotonin auch im Gehirn vorkommt. (Twarog & Page 1953)

Großes wissenschaftliches Interesse

Seit seiner Entdeckung vor nunmehr 90 Jahren sind die Forschungsarbeiten rund um Serotonin stetig gewachsen. Konzentrierte sich das wissenschaftliche Interesse lange Zeit auf die Rolle des Serotonins im Zentralnervensystem (kurz: ZNS), konkret auf seinen Einfluss auf Depressionen und Angststörungen, so haben Forschungen der letzten drei Jahrzehnte auch die Serotonin-Funktionen in den menschlichen Organsystemen außerhalb des ZNS im Fokus – in der sogenannten Peripherie beziehungsweise im peripheren Nervensystem (PNS) –, wo es weitere überaus wichtige Rollen erfüllt, von der Regulierung des Energiehaushalts und der Nahrungsaufnahme, der Magen-Darm- und endokrinen Funktion, das heißt das Hormonsystem betreffend, bis hin zur Herz-Kreislauf- und Lungenphysiologie und noch vielem mehr.

Laut PubMed, einer englischsprachigen Datenbank mit wissenschaftlichen Artikeln zur gesamten Biomedizin, wurden im Jahr 1990 2.748 Arbeiten zu Serotonin veröffentlicht. 2020 waren es 3.762 Arbeiten, die in hochwissenschaftlichen Zeitschriften publiziert wurden. Sie sehen: Das Forschungsinteresse an Serotonin ist enorm, insgesamt werden auf PubMed derzeit (Stand: Juni 2025) bemerkenswerte 162.658 Beiträge gelistet, die sich mit der Wirkung des „Glückshormons" beschäftigen.

I.

GRUNDLAGEN AUS DER SEROTONIN-FORSCHUNG

SEROTONIN IM MENSCHLICHEN KÖRPER

Serotonin – der chemische Name lautet übrigens 5-Hydroxytryptamin (5-HT) – ist ein wahres Multitalent, denn es ist in allen wichtigen Organsystemen, einschließlich des Herz-Kreislauf-, Lungen-, Magen-Darm- und Urogenitalsystems, das die Harn- und Geschlechtsorgane umfasst, sowie des Zentralnervensystems aktiv und somit an mehreren lebenswichtigen Funktionen beteiligt.

Serotonin im Zentralnervensystem

Serotonin wird im menschlichen Körper gleich mehrfach gebildet: zentral im Gehirn, also dem Zentralnervensystem, wo ungefähr 5 bis 10 Prozent der Gesamtmenge an Serotonin in den Raphe-Kernen des Mittelhirns freigesetzt werden. Dabei handelt es sich um eine Gruppe von Nervenzellansammlungen (Kerne), die sich entlang der Mittellinie des Hirnstamms im Gehirn befinden.

Als eigenständiges Neurotransmittersystem beeinflusst Serotonin praktisch alle Gehirnfunktionen (siehe Abbildung 2). Das an den Nervenenden freigesetzte Serotonin reguliert beispielsweise die Stimmung, den Schlaf-Wach-Rhythmus, die Aufmerksamkeit, die Kognition, das Gedächtnis, das affektive Verhalten, sprich Depression und

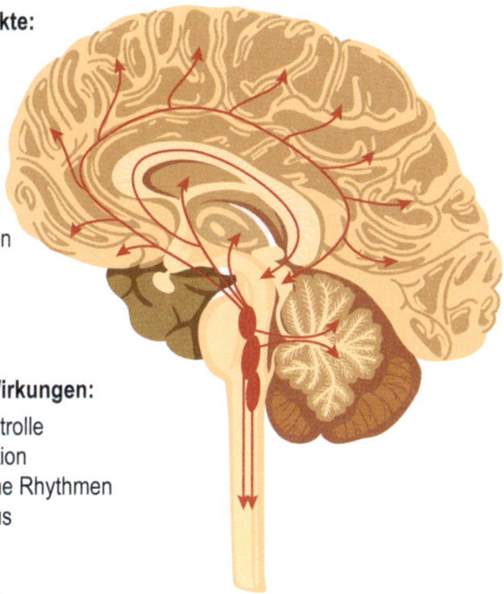

Abb. 2: Serotonerge Signalwege, Wirkungen und Medikamente im ZNS
(modifiziert nach Berger et al. 2009)

Angst, die Stressreaktion, das Sexualverhalten, den Appetit, aber auch die Körpertemperatur und das Schmerzempfinden, etwa bei Migräne oder Fibromyalgie. (Berger et al. 2009, Scotton et al. 2019)

Serotonin im Magen-Darm-Trakt

Wie bereits erwähnt, wird Serotonin überwiegend – zu rund 90 bis 95 Prozent – nicht im Gehirn, sondern in den peripheren Organen gebildet: Vor allem im Magen-Darm-Trakt, genauer gesagt in den enterochromaffinen Zellen der Darmschleimhaut, entsteht ein großer Teil davon.

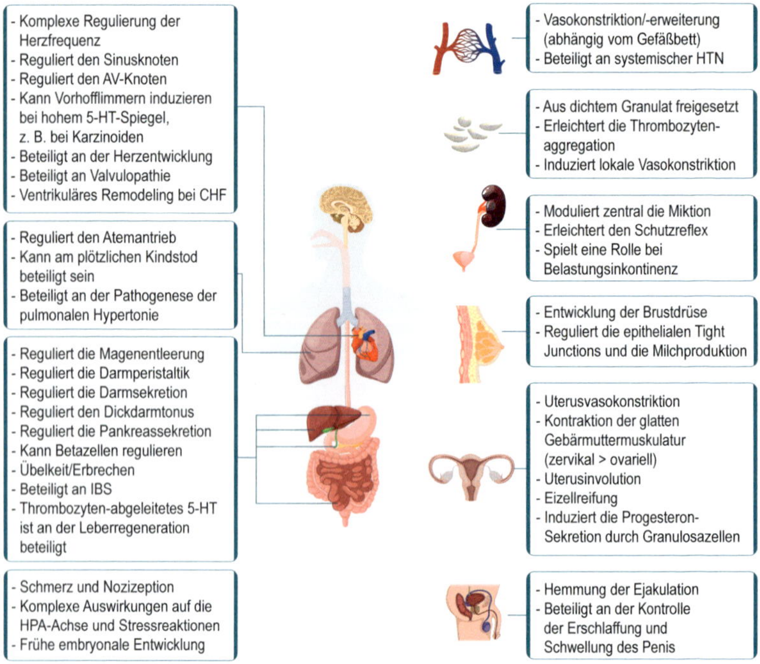

Abb. 3: Funktionen des Serotonins außerhalb des ZNS (modifiziert nach Berger et al. 2009)

Aber auch die Bauchspeicheldrüse und das Fettgewebe produzieren Serotonin. Darüber hinaus findet man es in den Blutplättchen (Thrombozyten) sowie in bestimmten Zellen der Haut, der Lunge und der Leber.

Serotonin ist also im ganzen Körper präsent beziehungsweise aktiv und beeinflusst hier zahlreiche wichtige Funktionen wie den Energiehaushalt, die Darmbewegung (Motilität), das Immunsystem, die Reparaturprozesse in der Leber sowie die Gesundheit von Herz und Lunge. Außerdem wirkt es an der Regulierung von Blutdruck und Blutgerinnung mit (siehe

Abbildung 3). (Berger et al. 2009, Scotton et al. 2019, Yabut et al. 2019)

Und noch eine Besonderheit zeichnet Serotonin aus: Es nimmt im menschlichen Körper eine Doppelfunktion ein. Im Zentralnervensystem, also im Gehirn, wirkt es als Neurotransmitter – wohl seine bekanntere Funktion –, wohingegen es in der Peripherie beziehungsweise im Rest des Körpers auch als Hormon wirksam ist.

Unterschied Neurotransmitter – Hormon

Hormone und Neurotransmitter sind beides Botenstoffe, doch sie wirken auf unterschiedliche Weise:

Neurotransmitter sind chemische Substanzen, die Informationen zwischen Nervenzellen im Gehirn und im Nervensystem übertragen. Sie werden direkt von den Nervenzellen freigesetzt und wirken sehr schnell und punktgenau – etwa bei der Steuerung der Bewegung, Stimmung oder Aufmerksamkeit.

Hormone hingegen werden von speziellen Drüsen wie der Schilddrüse, der Bauchspeicheldrüse oder den Nebennieren produziert und über das Blut im ganzen Körper verteilt. Ihre Wirkung setzt langsamer ein, erreicht aber weiter entfernte Organe. Hormone steuern zum Beispiel den Blutzuckerspiegel oder den Blutdruck.

Synthese und Verstoffwechslung

Serotonin kann dem Körper nicht direkt zugeführt werden, da es weder die Blut-Hirn-Schranke noch die Darmbarriere überwinden kann. Stattdessen wird es im Körper durch einen mehrstufigen biochemischen Prozess gebildet – den sogenannten Tryptophan-Stoffwechsel.

Dieser Stoffwechselweg ist von zentraler Bedeutung für unsere Gesundheit, denn aus der Aminosäure Tryptophan entsteht nicht nur Serotonin, sondern auch andere wichtige Substanzen. Und: Jeder dieser Umwandlungsprozesse erfüllt lebenswichtige Aufgaben, wie Sie noch erfahren werden. (Chen et al. 2024a)

Abbildung 4 zeigt die drei Hauptwege des Tryptophan-Stoffwechsels: den Serotonin-Weg, den Kynurenin-Weg und den Indol-Weg. Allerdings wird nur ein kleiner Teil des Tryptophans tatsächlich in Serotonin umgewandelt – der Großteil fließt in den Kynurenin-Stoffwechsel.

Welchen Weg Tryptophan im Körper einschlägt, hängt von verschiedenen Faktoren ab – etwa von Ihrem aktuellen Gesundheitszustand oder von Ihrem Tryptophan-Spiegel im Blut. Wenn vermehrt Tryptophan in den Kynurenin-Weg abgeleitet wird, bleibt entsprechend weniger für die Serotonin-Produktion übrig. Die Folge: Der Serotonin-Spiegel kann sinken – mit möglichen Auswirkungen auf Stimmung, Schlaf, Immunsystem und andere Körperfunktionen.

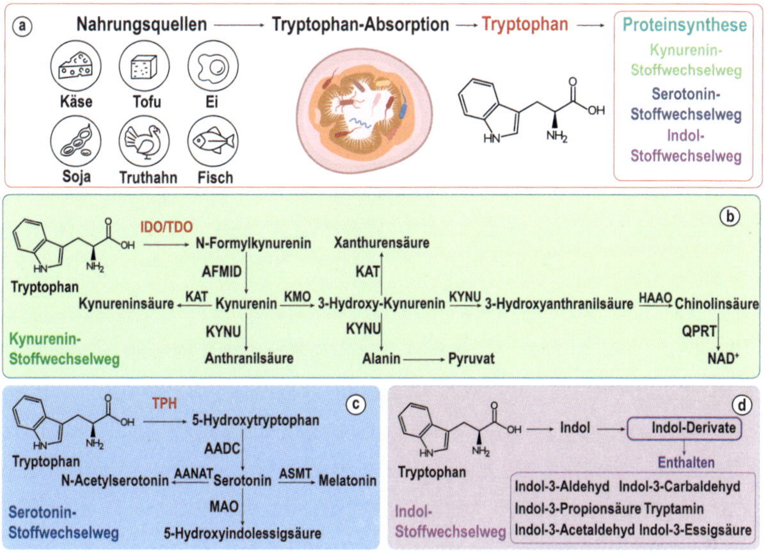

Abb. 4: Die Hauptwege des Tryptophan-Stoffwechsels
(modifiziert nach Yan et al. 2024)

Serotonin-Weg

Serotonin entsteht, indem – vereinfacht ausgedrückt – aus der Aminosäure Tryptophan zunächst 5-Hydroxytryptophan (5-HTP) gebildet wird. Verantwortlich für diesen Prozess sind zwei Enzyme, die sich sehr ähnlich sind: Tryptophan-Hydroxylase 1 (TPH1), das für die Umwandlung in der Peripherie sorgt, und Tryptophan-Hydroxylase 2 (TPH2) für jene im Gehirn. In einem nächsten Schritt wird 5-Hydroxytryptophan schließlich zu 5-Hydroxytryptamin (5-HT) – eben Serotonin – verstoffwechselt, ein Vorgang, der überwiegend am Tag beziehungsweise am Morgen stattfindet. In der Nacht wird Serotonin übrigens weiter in Melatonin umgewandelt.

Will man eine Erhöhung von Serotonin erreichen, zum Beispiel weil es fehlt, gelingt dies nur, wenn seine entsprechenden Ausgangsstoffe der Serotonin-Synthese, Tryptophan und/oder 5-Hydroxytryptophan (5-HTP) und/oder deren Kombination, vermehrt eingenommen werden, da Serotonin selbst nicht aus der Nahrung aufgenommen werden kann.

Damit alle Umwandlungsschritte zur Bildung von Serotonin aus dem Tryptophan auch tatsächlich passieren können, braucht es zwei weitere wichtige Enzyme: Tetrahydrobiopterin (BH4) und Pyridoxin (Vitamin B6). Ist nur eines der beiden nicht ausreichend im Körper vorhanden, hat dies negative Auswirkungen auf die Serotonin-Produktion, unabhängig davon, ob ausreichend Tryptophan aufgenommen wird oder nicht. Und noch weitere Nährstoffe werden für den Tryptophan-Stoffwechsel benötigt, darunter Vitamin B3, Magnesium, Folsäure, Vitamin D, Zink, Eisen sowie Omega-3.

Übrigens: Das serotonerge System (5-HT-System) im Gehirn gilt als das architektonisch komplexeste und am weitesten verzweigte Neurotransmittersystem im zentralen Nervensystem von Säugetieren – einschließlich des Menschen. (Hainer et al. 2015)

Kynurenin-Weg

95 Prozent und damit der weitaus größte Teil des Tryptophans werden über den Kynurenin-Weg metabolisiert, der eine wichtige Rolle im Immun- und Nervensystem sowie bei Stress und Entzündungen spielt. Jüngeren Studien zufolge wird dieser Signalweg außerdem mit der Entwicklung von

Depressionen, Magen-Darm-Erkrankungen, Herz-Kreislauf-Erkrankungen, neurodegenerativen Erkrankungen und Tumoren in Verbindung gebracht. (Correia & Vale 2022)

Kynurenin kann im Körper auf zwei verschiedene Arten weiterverarbeitet werden: einerseits zu Kynureninsäure, die stark neuroprotektiv und krampflösend wirkt und dabei hilft, Zellen vor Schäden durch freie Radikale und oxidativen Stress zu schützen (Schwarcz & Stone 2017), andererseits zu Chinolinsäure, einer Substanz mit neurotoxischer Wirkung, die in hohen Konzentrationen schädlich für das Gehirn sein kann.

In einem weiteren Schritt wird Chinolinsäure in Nicotinamid-Adenin-Dinukleotid (NAD^+) umgewandelt – ein lebenswichtiges Molekül für die zelluläre Energieversorgung. Denn NAD^+ ist nicht nur entscheidend für die Energieproduktion in den Mitochondrien, den „Kraftwerken der Zelle“, sondern auch für die Immunabwehr, den Schutz vor Zellalterung, die Reparatur von DNA-Schäden und die Entzündungsregulation. (Verdin 2015, Muneer 2020, Chini et al. 2021)

Ob Tryptophan in Richtung Kynurenin verstoffwechselt wird, hängt wesentlich von der Aktivität zweier Enzyme ab: der Indolamin-2,3-Dioxygenase (IDO), die vor allem bei Entzündungen oder chronischem Stress aktiviert wird und vorwiegend in Immunzellen und im Gehirn wirkt, sowie Tryptophan-2,3-Dioxygenase (TDO), die durch Stresshormone wie Cortisol angeregt wird und besonders in der Leber aktiv ist. (Muneer 2020)

Die Folge: Bei chronischem Stress, Infektionen, Entzündungen, Autoimmunerkrankungen oder Vitaminmangel, insbesondere von B6 oder B3, wird weniger Tryptophan zu

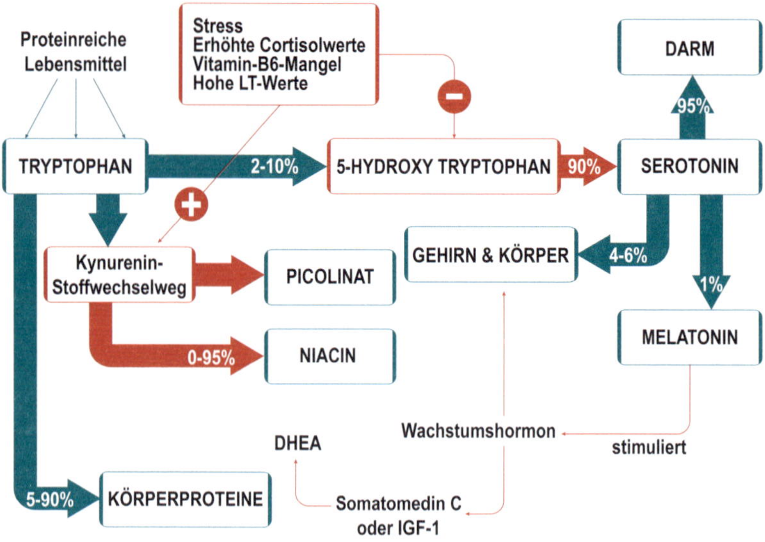

Abb. 5: Die metabolischen Wege von Tryptophan im Detail

Serotonin und mehr zu Kynurenin umgewandelt. Das kann den Serotonin-Spiegel senken und unter anderem Depressionen, Müdigkeit oder kognitive Einschränkungen wie etwa Konzentrationsschwierigkeiten und Gedächtnisprobleme begünstigen (siehe Abbildung 5).

Indol-Weg

Im Magen-Darm-Trakt wird Tryptophan unter anderem von der Darmmikrobiota in Indole umgewandelt. Dabei handelt es sich um Moleküle, die eine wichtige Rolle in der Kommunikation zwischen Darm, Immunsystem und Gehirn spielen. Gleichzeitig tragen diese Indole zur Aufrechterhaltung der Darmgesundheit und des mikrobiellen Gleichgewichts bei. Mehr noch: Wie Studien ergeben haben, können Indole auch das Tumorwachstum und die Wirksamkeit einer Chemotherapie beeinflussen. (Lu et al. 2025)

Im Indol-Stoffwechselweg entstehen beispielsweise die Indol-3-Essigsäure (IAA), die Indol-3-Milchsäure (ILA) sowie die Indol-3-Propionsäure (IPA) und das Tryptamin. (Yan et al. 2024) IAA, ILA und IPA haben starke antioxidative Eigenschaften, wirken entzündungshemmend und beeinflussen das Immunsystem, das heißt, wie der Körper auf Krankheitserreger reagiert: Sie spielen nämlich eine wichtige Rolle bei der Bekämpfung von freien Radikalen und schützen Zellen und Gewebe, insbesondere Nervenzellen, vor oxidativem Stress. (Lu et al. 2025)

Studien zu Tryptamin, das auch als Inhaltsstoff von Drogen bekannt ist, haben neben anderem ergeben, dass es positive Effekte auf die Behandlung von Fettleibigkeit und Insulinresistenz hat sowie über antioxidative und neuroprotektive Wirkungen verfügt. Darüber hinaus wird es als mögliche Behandlung bei Alzheimer in Betracht gezogen und untersucht. (Singh & Kumar 2023, Lee et al. 2025)

Zelluläre Wirkmechanismen von Serotonin

Sie fragen sich jetzt vielleicht, was etwa mit dem Serotonin im Gehirn passiert, nachdem es aus Tryptophan gebildet wurde. Die Natur hat dafür ein geniales System entwickelt: Denn Serotonin wird nach seiner Synthese zunächst in den sogenannten präsynaptischen Vesikeln, Bläschen in den Nervenzellen, gespeichert, bis es gebraucht und in den synaptischen Spalt abgegeben wird. Dabei handelt es sich um einen ganz schmalen Zwischenraum zwischen zwei Nervenzellen, in dem eine Zelle eine Nachricht an die nächste Zelle weitergibt. Stellen Sie sich dafür einen Briefkastenschlitz zwischen zwei Häusern vor, durch den eine Nachricht – in unserem Fall ein Neurotransmitter – von einem Haus ins andere beziehungsweise von einer Zelle in die andere geschickt wird. Damit die Zustellung zeitlich begrenzt bleibt, braucht es einen Briefträger, in unserem Fall den sogenannten Serotonin-Transporter (SERT), der dafür sorgt, dass Serotonin aus dem synaptischen Spalt wieder zurück in die ursprüngliche Nervenzelle geholt wird. Damit ist es aber nicht getan: Schließlich muss die Zielzelle ja erkennen, dass „Post“ auf dem Weg ist und diese Nachricht entgegennehmen, um bei unserem Beispiel zu bleiben.

Diese Aufgabe erfüllen Rezeptoren, die wie kleine Empfangsantennen agieren, Signale von außen aufnehmen und dafür sorgen, dass die Zelle darauf reagiert. Ein Beispiel: Wenn Serotonin oder ein anderer Botenstoff ausgeschüttet wird, dockt es an einen passenden Rezeptor nach dem Schlüssel-Schloss-Prinzip an. Dadurch wird wiederum ein Signal im Inneren der Zielzelle ausgelöst, wie Stimmung verändern, Muskel bewegen, Schmerz spüren oder Herzfrequenz regulieren.

Es gibt insgesamt sieben Hauptgruppen von Serotonin-Rezeptoren. Diese Gruppen heißen 5-HT1 bis 5-HT7 (nach dem chemischen Namen von Serotonin, 5-Hydroxytryptamin) und sie sind im ganzen Körper verteilt – im Gehirn ebenso wie außerhalb. Jede dieser Rezeptorgruppen besteht ihrerseits teils aus mehreren Untertypen, auf die jedoch hier nicht näher eingegangen wird.

Die Wirkung der Rezeptoren kann ganz unterschiedlich sein, denn je nach Typ wirken sie entweder hemmend oder aktivierend, manche auch ausgleichend. Einen Überblick über die sieben Rezeptorklassen und welche Störungen damit verbunden sind (Roth et al. 2021) finden Sie hier kurz aufgelistet:

- 5-HT1: Angstzustände und Depressionen, Migräne
- 5-HT2: Psychose, Schizophrenie, Bluthochdruck, Herzinsuffizienz, Angstzustände, pulmonale Hypertonie, Fettleibigkeit, Epilepsie, Psychosen, Stimmungsstörungen
- 5-HT3: Übelkeit und Erbrechen
- 5-HT4: Störungen der gastrointestinalen Motilität
- 5-HT5: Schlafstörungen
- 5-HT6: Kognitive Störungen, Fettleibigkeit, Krampfanfälle
- 5-HT7: Angstzustände, Schlafstörungen, kognitive Störungen

Jenes Serotonin, das in der Peripherie beziehungsweise in den Drüsen produziert wird, wirkt ebenfalls nach dem Schlüssel-Schloss-Prinzip. Über das Blut gelangt es zu den entsprechenden Zielorganen, wo es gezielt an spezifische Rezeptoren bindet und so die jeweiligen Zielzellen reguliert. Die Signalgebung wird beendet, indem das Serotonin vor Ort abgebaut wird. Parallel zu diesem Wirkmechanismus übt Serotonin – sowie einige seiner Abbauprodukte

– eine antioxidative Aktivität aus, indem es freie Radikale abfängt.

BDNF (Brain-derived neurotrophic factor)

Ein wichtiges Protein für die Serotonin-Signalübertragung im Gehirn ist BDNF (Brain-derived neurotrophic factor). Es hilft dabei, neue Verbindungen zwischen Nervenzellen, den bereits erwähnten Synapsen, zu bilden und verbessert dadurch die Weiterleitung von Serotonin-Signalen. Mit anderen Worten: BDNF stärkt und aktiviert serotonerge Nervenzellen, sodass Serotonin besser wirken kann.

Außerdem fördert BDNF das Wachstum neuer Nervenzellen und beeinflusst wichtige Gene und Enzyme, die für die Herstellung und Freisetzung von Serotonin nötig sind. Dazu gehören zum Beispiel die bereits genannte Tryptophan-Hydroxylase 2 (TPH2), das Schlüsselenzym für die Serotonin-Produktion im Gehirn, sowie Proteine, die Serotonin aus dem synaptischen Spalt wieder aufnehmen, um so seine Wirkung zu steuern. (Correia et al. 2023a)

BDNF wirkt, indem es sich an den sogenannten Tropomyosin-Rezeptor-Kinase B (TrkB) bindet. Dies löst Signale aus, die das Wachstum von Nervenzellen fördern und damit die Anpassungsfähigkeit des Gehirns, also die neuronale Plastizität verbessern. Das geschieht vor allem im Hippocampus und im präfrontalen Kortex, zwei Gehirnregionen, die stark von Serotonin abhängen und für die Gemütslage verantwortlich sind.

Dadurch spielt BDNF eine wichtige Rolle bei der Steuerung von Stimmung, Lernen und Stressbewältigung.

Was ist neuronale Plastizität?

Neuronale oder synaptische Plastizität beschreibt die Fähigkeit des Gehirns, sich durch Erfahrungen und Lernen zu verändern und anzupassen. Dabei ist wichtig, wie gut die Nervenzellen miteinander verbunden sind, wie viele Verbindungen, sogenannte Synapsen, neu entstehen und wie gut die Signale zwischen den Zellen weitergeleitet werden.

Schutz vor oxidativem Stress

BDNF wie auch Serotonin und seine Abbauprodukte schützen das Gehirn außerdem vor freien Radikalen und oxidativem Stress. Gleichzeitig wird die Produktion und Freisetzung von BDNF durch Serotonin angeregt, das heißt, Serotonin fördert die Bildung von BDNF. (Mattson et al. 2004) Studien zeigen, dass niedrige BDNF-Werte mit Problemen beim Denken und Lernen sowie einem höheren Risiko für neuropsychiatrische Erkrankungen wie Depressionen, Alzheimer und Parkinson verbunden sind (siehe Abbildung 6).

Sie können übrigens aktiv etwas dazu beitragen, um Ihren BDNF-Spiegel zu erhöhen. Wesentliche Faktoren dafür sind nämlich:

- regelmäßige körperliche Bewegung
- Nährstoffe wie zum Beispiel Omega-3, Zink
- ausreichender Schlaf
- Vermeidung von chronischem Stress

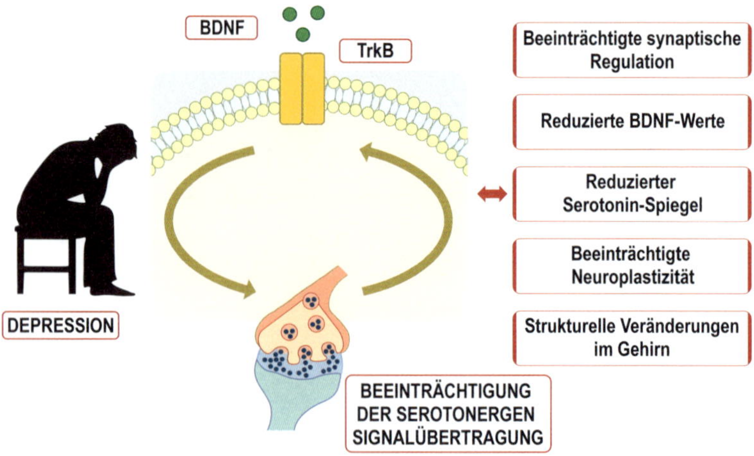

Abb. 6: Vereinfachtes Schema der Wechselwirkung zwischen BDNF und Serotonin bei Depression (modifiziert nach Correia et al. 2023a)

Die wichtigen Ausgangsstoffe für den Serotonin-Weg

Tryptophan

Tryptophan, auch L-Tryptophan genannt, kommt, wie Sie gerade gehört haben, eine wichtige Rolle zu, damit wir uns gut, zufrieden und fit fühlen, beziehungsweise wenn wir den Serotonin-Spiegel heben wollen. Überhaupt übernimmt es eine unersetzliche Funktion für die Gesundheit und Krankheiten des Menschen, denn mit seinen Signalwegen hat es wesentliche Effekte auf neurologische, Verdauungs-, Alterungs-, Immun-, Infektions- und Tumorerkrankungen.

In jungen Jahren kann der Bedarf an Tryptophan gut über die Ernährung gedeckt werden, was mit zunehmendem Alter jedoch nicht mehr gelingt. Außerdem: Besteht bereits ein Mangel an Tryptophan, kann dieser oftmals nicht mehr durch die Nahrung behoben werden. In solchen Fällen ist dann eine gezielte Substitution, das heißt Ergänzung, erforderlich.

Als Tryptophan-Räuber bekannt sind übrigens chronischer Stress, Entzündungen, aber auch eine Schwangerschaft. Vor allem die beiden Schlüsselenzyme TPH1 und TPH2 reagieren überaus empfindlich auf Stress und das hierdurch vermehrt ausgeschüttete Cortisol. All diese Faktoren können dazu führen, dass vermehrt Tryptophan in Richtung Kynurenin verbraucht wird, was wiederum natürlich auch die Freisetzung von Serotonin negativ beeinflusst.

Speziell in den 1990er-Jahren wurde Tryptophan in hohen Dosierungen erfolgreich eingesetzt. Leider kam es dabei zu toxischen Nebenwirkungen, da ein Produktionsverfahren zur Gewinnung von L-Tryptophan Verunreinigungen hervorrief. Dieser sogenannte Peak E führte zum Verbot von L-Tryptophan. Seit dem Jahr 2000 sind jedoch nur noch Produkte ohne Peak E auf dem Markt, sodass der Gebrauch von den Gesundheitsbehörden wieder gestattet wurde.

5-Hydroxytryptophan (5-HTP)

5-Hydroxytryptophan (5-HTP) ist eine wichtige Zwischenstufe im Stoffwechselweg von Tryptophan zu Serotonin. Es entsteht direkt aus Tryptophan und wird im

Körper fast ausschließlich zu Serotonin umgewandelt. Das macht 5-HTP besonders zuverlässig und weniger anfällig für Störungen, als dies bei seinem Vorläufer Tryptophan der Fall ist. Ein Grund, warum sich 5-HTP sehr gut eignet, um den Serotonin-Spiegel schnell und effektiv zu erhöhen.

Ein weiterer Vorteil von 5-HTP gegenüber Serotonin ist außerdem, dass es die Blut-Hirn-Schranke überwinden kann. Das bedeutet, es gelangt direkt ins Gehirn, wo es in weiterer Folge in Serotonin umgewandelt wird und so Einfluss auf Stimmung, Schlaf und Wohlbefinden nimmt.

Außerdem kann 5-HTP unabhängig von der Nahrung und anderen Aminosäuren aufgenommen werden. Für die Umwandlung zu Serotonin benötigt der Körper jedoch bestimmte Kofaktoren, insbesondere Östrogene sowie die B-Vitamine B3 und B6. Diese sind wichtig, damit das Enzym, das 5-HTP in Serotonin umwandelt, richtig arbeiten kann.

5-HTP wird oft und erfolgreich als Nahrungsergänzungsmittel genutzt, um Stimmungsschwankungen, Schlafprobleme oder auch bestimmte Arten von Kopfschmerzen zu lindern. Dabei sollte die Einnahme aber immer gut abgestimmt sein, da ein zu hoher Serotonin-Spiegel auch Nebenwirkungen verursachen kann. Zudem ist es wichtig, die Versorgung mit den benötigten Vitaminen sicherzustellen, damit die Umwandlung in Serotonin optimal funktioniert. Auch der Zeitpunkt, zu dem 5-HTP eingenommen wird, spielt eine wichtige Rolle, um sicherzustellen, dass Serotonin zur richtigen Tageszeit ansteigt: Denn hohe Serotonin-Spiegel etwa während der Nacht können unter Umständen zu Schlafstörungen führen, wenn Serotonin nicht in Melatonin umgewandelt werden kann.

Melatonin

Wie Sie schon gehört haben, wird im letzten Schritt des Serotonin-Weges das eben erwähnte Melatonin gebildet – ein Multitasking-Hormon (Reiter et al. 2014), das neben seinem schlafunterstützenden Effekt den Körper auch vor freien Radikalen schützt, das Immunsystem stärkt und Herzerkrankungen vorzubeugen hilft, indem es sowohl den Blutdruck als auch den Cholesterinspiegel senkt. Darüber hinaus hat es sich in der Behandlung von Krebs, Diabetes, Unfruchtbarkeit, chronischen Schmerzen, Virus- und Augenerkrankungen sowie neuropsychiatrischen Störungen bestens bewährt und gilt also nicht umsonst als Tausendsassa für die menschliche Gesundheit. (Fauteck 2024)

Eine weitere Besonderheit von Melatonin: Es ist der Dirigent unseres Organorchesters, denn es gibt den circadianen Rhythmus vor und sorgt dafür, dass alle Körperfunktionen und Organe in der Nacht eine Ruhepause und Regenerationsphase einlegen, die für den Erhalt der Gesundheit unerlässlich sind. Melatonin ist demnach der Botschafter des Tag-Nacht-Rhythmus und damit zugleich der Chronobiologie, jener Wissenschaft, die sich mit den inneren Rhythmen und ihren gegenseitigen Abhängigkeiten beschäftigt. (Fauteck 2018)

Was ist ein circadianer Rhythmus?

Ein circadianer Rhythmus ist ein biologischer Ablauf, der sich etwa alle 24 Stunden wiederholt. Er steuert viele wichtige Prozesse im Körper, wie das Schlaf-Wach-Verhalten, die Körpertemperatur, die Produktion von Hormonen, die Schmerzempfindlichkeit, die Leistungsfähigkeit und die motorische Aktivität.

Wichtig dabei ist nicht nur das Hormon Melatonin, das als zentraler Taktgeber des circadianen Rhythmus gilt. Auch Serotonin wird von diesem Rhythmus beeinflusst und spielt selbst eine aktive Rolle: Es steht in einer wechselseitigen Beziehung zum circadianen System und hilft so, den Rhythmus zu regulieren (siehe Abbildung 7). (Fauteck 2024, Daut & Fonken 2019)

Falls Sie sich nun fragen, was die Lobeshymne auf Melatonin mit Serotonin zu tun hat, hier die Antwort: Melatonin wird im Gehirn nur aus Serotonin gebildet – und zwar überwiegend nachts. Während Melatonin dafür sorgt, dass wir in der Nacht erholsam schlafen und unsere Körpersysteme zur Ruhe kommen, ist Serotonin dafür verantwortlich, dass wir tagsüber wach, aktiv und voller Tatendrang sind.

Tritt jedoch, aus welchen Gründen auch immer, ein Serotonin-Mangel auf, wirkt sich das direkt auf die Melatonin-Produktion aus. Niedrige Melatonin-Werte führen zu Schlafmangel, der ernsthafte gesundheitliche Folgen haben kann – von Diabetes und Übergewicht bis zu Herz-Kreislauf-Erkrankungen und einem erhöhten Krebsrisiko.

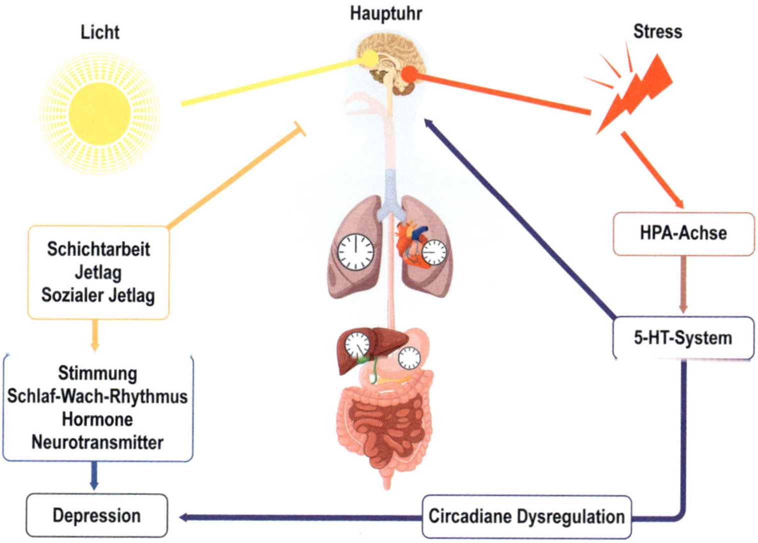

Abb. 7: Zusammenhang zwischen dem circadianen System und den Stresssystemen bei der Regulierung der Stimmung
(modifiziert nach Daut & Fonken 2019)

Umgekehrt bewirken Schlafmangel und das damit verbundene Melatonin-Defizit, dass morgens weniger Serotonin ausgeschüttet wird. Sie sehen: Serotonin und Melatonin bilden ein untrennbares, kongeniales Team – aber nur, wenn sie im Gleichgewicht sind.

Serotonin und die Gehirn-Darm-Achse

Schon die Gelehrten des antiken Griechenlands – darunter Hippokrates, Platon und Aristoteles – vermuteten, dass Gehirn und Körper eng miteinander verbunden sind. Doch es dauerte bis in die 1840er-Jahre, bis William Beaumont, ein US-amerikanischer Militärarzt, erstmals nachwies, dass der emotionale Zustand die Verdauung beeinflusst. Damit war der Grundstein für das Konzept der Gehirn-Darm-Achse gelegt. Wissenschaftlich belegt wurden diese Zusammenhänge allerdings erst Mitte des 20. Jahrhunderts. (Margolis et al. 2021)

Wie Sie bereits erfahren haben, wird der Großteil des körpereigenen Serotonins von den enterochromaffinen Zellen in der Darmschleimhaut gebildet. Serotonin-Signale sind also im gesamten Magen-Darm-Trakt aktiv – sie beeinflussen unter anderem die Darmbewegung sowie etwaige Entzündungsprozesse.

In den letzten Jahren rückte vor allem die Darm-Hirn-Achse verstärkt in den Fokus der Forschung. Sie beschreibt die wechselseitige Kommunikation zwischen dem Magen-Darm-System und dem zentralen Nervensystem – vermittelt über immunologische, hormonelle und neuronale Signale. Eine zentrale Rolle spielt dabei auch das Mikrobiom, also die Billionen von Mikroorganismen, die unseren Darm besiedeln. (Ustianowska et al. 2022)

Ein Ungleichgewicht dieser Mikroorganismen – auch Dysbiose genannt – kann die Funktion der Darm-Hirn-

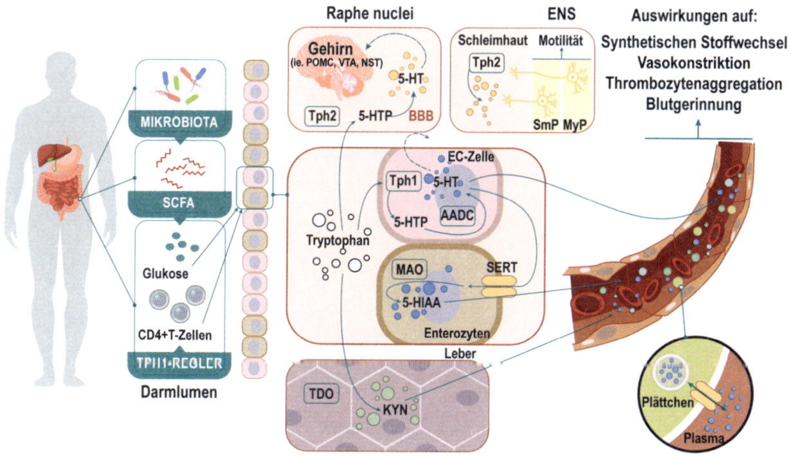

Abb. 8: Gewebespezifische Regulation des Tryptophan-, Serotonin- und Kynurenin-Stoffwechsels
(modifiziert nach Yabut et al. 2019)

Achse stören und negative Auswirkungen auf das Gehirn haben, etwa in Form von Konzentrationsproblemen, Gedächtnisstörungen oder verminderter kognitiver Leistungsfähigkeit. (Chen et al. 2021, Roth et al. 2021, Garofalo et al. 2023)

Doch die Kommunikation verläuft nicht einseitig: Denn das zentrale Nervensystem empfängt nicht nur Informationen aus dem Darm, sondern kann auch selbst Einfluss auf das Mikrobiom ausüben (siehe Abbildung 8). Denken Sie an das eingangs erwähnte Beispiel von Beaumont: Emotionale Zustände können die Verdauung beeinflussen und somit direkt auf das Darmmilieu wirken.

So funktioniert die Informationsvermittlung

Im Detail funktioniert die Kommunikation zwischen Darm und Gehirn über die Gehirn-Darm-Achse und die Darm-Gehirn-Achse folgendermaßen: Bestimmte Darmbakterien produzieren kurzkettige Fettsäuren, sogenannte SCFAs. Diese Fettsäuren regen wiederum ein Enzym namens Tryptophan-Hydroxylase 1 (TPH1) an. Dieses Enzym ist wie gesagt entscheidend für die Herstellung von Serotonin im Darm.

Das gebildete Serotonin wird anschließend von den enterochromaffinen Zellen in der Darmschleimhaut freigesetzt und gelangt von dort zu den Nervenzellen im enterischen Nervensystem, also dem Nervensystem des Darms. Dieses wird auch „zweites Gehirn" oder „peripheres Nervensystem" genannt, weil es dem zentralen Nervensystem in Aufbau, Entwicklung und in der Verwendung von Botenstoffen wie Serotonin stark ähnelt. Im Darm erfüllt Serotonin wichtige Funktionen: Es unterstützt die Bewegung des Darms, die sogenannte Motilität, und hilft bei der Reifung und Vernetzung von Nervenzellen – besonders während der Entwicklung. Über ähnliche Prozesse haben Sie bereits bei den Ausführungen zur Neuroplastizität gelesen.

Ein Teil der vom Darm erzeugten Signale wird über den Vagusnerv weitergeleitet. Dieser Nervenstrang reicht vom Bauchraum über Brust und Hals bis ins Gehirn. Dort erreichen die Signale unter anderem die Raphe-Kerne – jene Region im Hirnstamm, in der viele serotonerge Nervenzellen sitzen. Von hier aus beeinflusst Serotonin dann die Hirnareale, die für Stimmung und Emotionen verantwortlich sind. (Margolis et al. 2021)

Tryptophan-Stoffwechsel im Darm

Tryptophan wird im Körper nicht nur, wie zuvor beschrieben, von den Darmmikrobiota und den enterochromaffinen Zellen in Serotonin umgewandelt. Es kann auch, wie bereits erwähnt, alternative Stoffwechselwege einschlagen. Ein bedeutender Weg führt dabei zur Bildung von Kynurenin, vor allem in den Zellen des Immunsystems und der Darmschleimhaut.

Ein weiterer Stoffwechselpfad produziert aus Tryptophan die bereits erwähnten Indol-Derivate, darunter Tryptamin und Indol-3-Propionsäure (IPA). Diese Verbindungen binden an den Aryl-Hydrocarbon-Rezeptor (AhR) – dabei handelt es sich um einen zellulären Rezeptor, der die Aktivität bestimmter Gene steuert, insbesondere solcher, die mit Entzündungen und der Immunantwort in Verbindung stehen.

Das Gleichgewicht zwischen den verschiedenen Tryptophan-Stoffwechselwegen – das heißt, ob Tryptophan eher zu Serotonin oder zu Kynurenin oder in andere Indol-Derivate abgebaut wird – ist von großer Bedeutung. Denn eine Verschiebung dieses Gleichgewichts kann sich erheblich auf das psychische Wohlbefinden, die Stimmungslage und die Immunfunktion auswirken. (Gershon & Margolis 2021, Roth et al. 2021)

Stressresistent dank gesundem Darm

Bereits bekannt ist, dass Störungen der Darm-Hirn-Achse mit gastrointestinalen Syndromen in Verbindung gebracht werden können, ebenso mit chronischen Schmerzen. Weiters hat sich gezeigt, dass einige Darmmikroorganismen Angstzustände und Depressionen lindern, die kognitive

Leistung verbessern und in jungen Jahren die Entwicklung des Gehirns unterstützen können. Forscher haben außerdem bereits entdeckt, dass ein gesunder Darm und damit eine funktionierende Gehirn-Darm-Achse zu unserer Stressresistenz überaus positiv beitragen. (Carabotti et al. 2015, Foster et al. 2017)

Studie: Probiotika verringern Stress

Falls Sie sich nun fragen, wie Sie Ihre Darmgesundheit für mehr geistige Fitness und innere Balance unterstützen können: Tun Sie Ihren Darmbakterien etwas Gutes, beispielsweise mithilfe von Pro- und Präbiotika, mit denen sich die kognitive Leistungsfähigkeit nachweislich steigern beziehungsweise die Stressempfindungen signifikant vermindern lassen.

Zu diesem Schluss kam auch eine schon ältere Studie, die Medizinstudenten und ihre Stresslevel in der Prüfungsphase beobachtete: Eine Gruppe erhielt Sauermilch, die besonders viele Probiotika enthält, die andere Gruppe nicht. Nach den Prüfungen berichtete die Probiotika-Gruppe sowohl von weniger Stress als auch weniger Magen-Darm-Beschwerden; die Kontrollgruppe hingegen zeigte einen sichtlichen Anstieg jener Gene, die mit Angst und Stress in Verbindung stehen. (Fauteck 2018, Kato-Kataoka et al. 2016)

Freie Radikale und oxidativer Stress

Freie Radikale, winzige Moleküle, werden im menschlichen Körper ständig gebildet, zum Beispiel durch

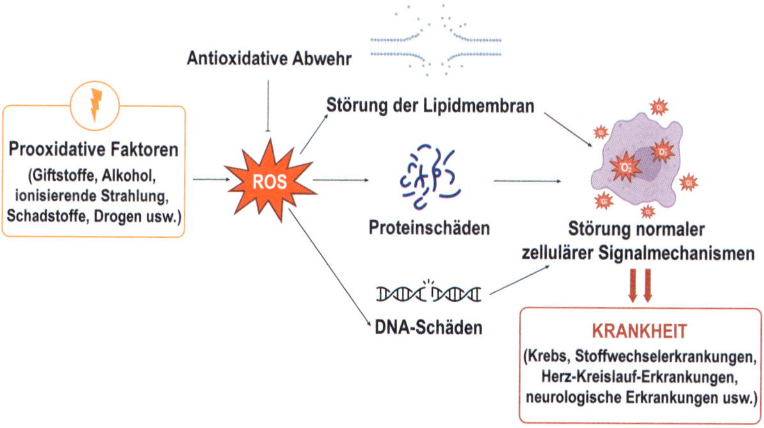

Abb. 9: Der Mechanismus von oxidativem Stress (modifiziert nach Correia et al. 2023b)

Stoffwechselprozesse, was ein ganz natürlicher Vorgang ist, der vor allem der Abwehr von Infekten, besonders Viren und Bakterien, dient. Freie Radikale erfüllen aber noch weitere wichtige Funktionen: Sie unterstützen das Gedächtnis und spielen eine wesentliche Rolle bei der Signalübertragung im Gehirn. Der menschliche Körper beziehungsweise das körpereigene antioxidative System kommt damit eigentlich gut zurecht, denn unsere Zellen verfügen über exzellente antioxidative Abwehrmechanismen.

Worauf es ankommt, wie so oft im Leben: die Balance. Wenn nämlich zu viele dieser Moleküle in den Körper eindringen oder dort entstehen, ist das Chaos vorprogrammiert – mit leider sehr ernsten gesundheitlichen Konsequenzen. Ein Amoklauf wird dann in Gang gesetzt und die freien Radikale treiben ihr Unwesen: Sie stören die normalen Signalmechanismen der Zellen, töten zuerst einzelne, dann ganze Zellstrukturen, bis schließlich auch die

Organe in ihrer Funktion betroffen sind. Sie verursachen zudem schwere Krankheiten und beschleunigen den Alterungsprozess (siehe Abbildung 9).

Das Gehirn ist übrigens am anfälligsten für freie Radikale. Und: Die Schäden, die sie hier anrichten, sind leider oftmals irreparabel. Denken Sie an Erkrankungen wie Alzheimer, Parkinson oder Multiple Sklerose. (Fauteck 2024)

Oxidativer Stress

Oxidativer Stress bezeichnet das eben beschriebene Szenario, wenn das dynamische Gleichgewicht zwischen Oxidantien, also schädigenden freien Radikalen, und körpereigenen Antioxidantien zerstört wird und der Körper nicht mehr imstande ist, die freien Radikale aufzuhalten.

Sie fragen sich jetzt vermutlich, wann diese Balance aus dem Ruder läuft. Verantwortlich dafür können Krankheitserreger sein, aber auch äußere Einflussfaktoren oder unser Lebensstil können zu oxidativem Stress führen, darunter unter anderem Umweltverschmutzung, Infektionen, Lebensstilfaktoren wie Rauchen, Alkohol oder die Ernährung, körperlicher oder seelischer Stress, ultraviolette (UV) Strahlung oder Vitaminmangel, besonders von Vitamin C. Schließlich enthält auch die Luft, die wir einatmen, freie Radikale. Schadstoffe und Medikamente können ebenso zu einem Ansturm von freien Radikalen führen. (Correia et al. 2023b) Auch das Alter spielt eine Rolle: Wenn wir jung und gesund sind, schafft es unser Körper eher, freie Radikale in Schach zu halten. Im Laufe des Älterwerdens wird es für den Körper aber immer schwieriger, sein antioxidatives Potenzial zu entfalten. (Fauteck 2024)

Tagsüber entstehen im Körper deutlich mehr freie Radikale als in der Nacht. Wer also regelmäßig die Nacht zum Tag macht, verlängert somit die Phase, in der diese aggressiven Moleküle ungehindert Zellen schädigen können – ein Ungleichgewicht zwischen schädigenden und schützenden Prozessen, eben oxidativer Stress, wird begünstigt.

Chronischer oxidativer Stress wird auch bereits mit der Entstehung und dem Fortschreiten zahlreicher Erkrankungen in Verbindung gebracht, darunter Depressionen, neurodegenerative Erkrankungen wie Alzheimer und Parkinson, chronisch-entzündliche Darmerkrankungen, das metabolische Syndrom, Herz-Kreislauf-Erkrankungen, Unfruchtbarkeit, Diabetes und mehrere Tumorerkrankungen.

Serotonin: das ideale Antioxidans

Nach all den weniger erfreulichen Aspekten gibt es auch eine gute Nachricht: Serotonin kann die Zellen vor oxidativen Schäden schützen. Es spielt daher eine wichtige Rolle bei der Regulierung von Entzündungen und unterstützt das Immunsystem. Nicht nur Serotonin selbst, sondern auch seine Vorstufe 5-HTP und das am Ende der Stoffwechselkaskade daraus gebildete Melatonin sowie die entsprechenden Abbauprodukte haben starke antioxidative Eigenschaften. (Vašíček et al. 2020, Muñoz-Castañeda et al. 2006)

Serotonin wirkt dabei nicht nur als Radikalfänger, sondern beeinflusst auch direkt zelluläre Signalwege, die Entzündungsreaktionen steuern und das Immunsystem modulieren. Damit leistet es einen wichtigen Beitrag, um die Zellgesundheit aufrechtzuerhalten, Alterungsprozesse zu verlangsamen, das Immunsystem zu stärken und das Risiko für viele chronische Erkrankungen zu senken.

Serotonin und Mitochondrien

Eine zentrale Rolle bei der Abwehr von Erkrankungen, hervorgerufen durch freie Radikale, spielen die Mitochondrien – die „Kraftwerke der Zelle". Sie steuern den Zellstoffwechsel, beeinflussen das Überleben der Zellen, regulieren die Reaktion auf Stress und sind an Alterungsprozessen beteiligt. Um Energie für ihre Aktivitäten zu erzeugen – sozusagen als Treibstoff –, stellen sie ATP, kurz für Adenosintriphosphat, her – ein Prozess, der Sauerstoff verbraucht und dabei als Nebenprodukt freie Radikale freisetzt.

Mehrere Studien zeigen, dass ATP nicht nur als Energieträger dient, sondern auch entscheidend für die Speicherung und den Transport von Serotonin ist. Umgekehrt wirkt Serotonin selbst auf die Funktion der Mitochondrien zurück: Es fördert deren Neubildung, die sogenannte mitochondriale Neogenese, und trägt zur Aufrechterhaltung ihrer Leistungsfähigkeit bei. Verantwortlich dafür sind insbesondere die Serotonin-Rezeptoren 5-HT3 und 5-HT4, die sich auf der inneren Mitochondrienmembran befinden. Diese Rezeptoren unterstützen die ATP-Produktion und stabilisieren das antioxidative Gleichgewicht in den Mitochondrien. (Rao et al. 2023, Cardon et al. 2024)

Wird Tryptophan jedoch – etwa infolge chronischer Entzündungen oder Stress – verstärkt über den

Kynurenin-Stoffwechselweg abgebaut, sinkt der Serotonin-Spiegel. Dadurch gehen auch seine schützenden Effekte auf die Mitochondrien verloren. Zusätzlich entsteht dabei Chinolinsäure, die Ihnen bereits bekannte toxische Substanz, welche die Mitochondrien direkt schädigt und ihre antioxidative Kapazität hemmt. (Ji et al. 2023)

Sie fragen sich, was Sie aktiv tun können, um oxidativen Stress in Ihrem Körper zu vermeiden beziehungsweise zu reduzieren?

- **Achten Sie auf eine ausgewogene Ernährung, die reich an Antioxidantien ist.**
- **Setzen Sie auf regelmäßige Bewegung.**
- **Versuchen Sie, chronischen Stress zu vermeiden, oder nutzen Sie Techniken zum Stressabbau.**
- **Ganz wichtig: Schlafen Sie genug.**

Serotonin und Mikro-RNAs

In jeder Zelle wird die genetische Information in der DNA gespeichert. Benötigt die Zelle diese Information, wird jene mithilfe der RNA – auch codierende oder messenger beziehungsweise mRNA genannt – aus dem Zellkern in das Zellinnere übertragen, wo sie letztendlich abgelesen wird, um beispielsweise bestimmte Proteine herstellen zu können.

Die Mikro-RNAs, auch miRNAs genannt, sind kleine, nicht codierende RNA-Moleküle, die ebenfalls eine zentrale Rolle bei der Regulation der Genaktivität spielen. Sie binden sich an die mRNA und fördern oder hemmen die in der Zelle gebildeten Proteine. Zudem scheinen miRNAs auch an der Kommunikation zwischen Zellen beteiligt zu sein. (Ortega et al. 2021) Stellen Sie sich dazu einen Lichtschalter vor: Mikro-RNAs wirken wie molekulare Schalter, die gezielt verhindern können, dass bestimmte Gene in Proteine übersetzt werden. Auf diese Weise steuern sie zahlreiche zelluläre Prozesse.

Obwohl die Forschung zu miRNAs noch vergleichsweise jung ist, wurden bereits viele dieser Moleküle identifiziert – und laufend kommen neue Erkenntnisse hinzu. Ihre Bedeutung wurde 2024 durch die Verleihung des Nobelpreises an den US-amerikanischen Biologen Victor Ambros und den US-amerikanischen Genetiker Gary Ruvkun, die als Entdecker der miRNAs gelten, unterstrichen.

Besonders relevant für die Serotonin-Regulation im Gehirn ist beispielsweise miRNA-135. Sie spielt eine Schlüsselrolle in den Raphe-Kernen, wo viele serotonerge Nervenzellen sitzen. Studien zeigen, dass miRNA-135 nicht nur entzündungshemmend im Gehirn wirkt, sondern auch direkt die Aktivität des Serotonin-Transporters (SERT) beeinflusst. Sie erinnern sich: Das ist unser „Briefträger“, der dafür sorgt, dass Serotonin aus dem synaptischen Spalt wieder zurück in die Nervenzelle transportiert wird, die es ursprünglich in den Spalt abgegeben hat.

Bei Menschen mit Depressionen ist der Spiegel von miRNA-135 häufig deutlich verringert. Dies deutet darauf hin, dass eine gestörte miRNA-135-Regulation den Serotonin-Haushalt aus dem Gleichgewicht bringen und so zur Entstehung depressiver Symptome beitragen kann. (Ortega et al. 2021, Ding et al. 2023)

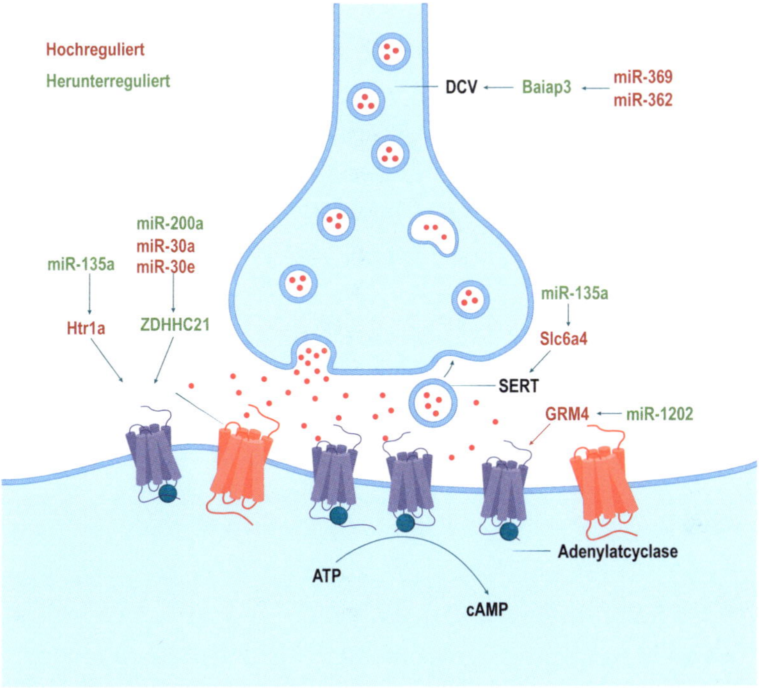

Abb. 10: Rolle von Mikro-RNAs bei der Störung des Serotonin-Systems (modifiziert nach Ding et al. 2023)

Serotonin-Rezeptoren übernehmen im Nervensystem zahlreiche Aufgaben. Eine zentrale Rolle bei der Regulation von Stimmung, Angst und Stress kommt dem 5-HT1A-Rezeptor zu. Eine Besonderheit dieses Rezeptors ist auch seine Funktion als Autorezeptor: Er sitzt nämlich an den serotonergen Nervenzellen und überwacht hier die Ausschüttung von Serotonin. Sobald genügend Serotonin vorhanden ist, bremst er die weitere Freisetzung – eine Art Rückkopplungsmechanismus zur Aufrechterhaltung des Gleichgewichts.

Problematisch wird es, wenn der 5-HT1A-Rezeptor überaktiv ist. Dann hemmt er die Serotonin-Freisetzung übermäßig stark, was zu einem Serotonin-Mangel im synaptischen Spalt führen kann – mit möglichen Auswirkungen auf die psychische Gesundheit, etwa in Form von Depressionen oder Angststörungen.

Aktuelle Studien legen nahe, dass bestimmte Mikro-RNAs an dieser Überaktivität beteiligt sein könnten – darunter miRNA-135a, miRNA-200a, miRNA-30a und miRNA-30e, welche die Aktivität beziehungsweise Expression dieses Rezeptors auf genetischer Ebene beeinflussen. (Vgl. Abbildung 10; Ding et al. 2023)

Bekannt ist außerdem, dass miRNA-329 und miRNA-362 die Entstehung und Funktion der sogenannten DCVs (Dense Core Vesicles) beeinflussen. Bei den DCVs handelt es sich um Bläschen in den Nervenzellen, die Botenstoffe wie Serotonin speichern und nach entsprechendem Stimulus in den synaptischen Spalt freisetzen. Ist die Funktion dieser DCVs gestört, ist auch die Freisetzung von Serotonin verändert.

Der serotoninvermittelte Signalweg wird auch durch miRNA-1202 reguliert. Eine verminderte Menge an miRNA-1202 führt zu einer verstärkten Expression des Rezeptors GRM4. Dieser Rezeptor spielt eine wichtige Rolle bei der Weiterleitung von Nervenreizen und der Regulation der Serotonin-Signalübertragung im Gehirn. Ist GRM4 aufgrund eines Mangels an miRNA-1202 jedoch überaktiv, wird die Serotonin-Freisetzung und/oder -verarbeitung gehemmt, was die neuronale Signalübertragung negativ beeinflussen kann. (Ding et al. 2023)

Mikro-RNAs und ihr Einfluss auf BDNF

Studien zeigen weiters, dass auch die Expression und Funktion von BDNF direkt durch bestimmte Mikro-RNAs reguliert werden können. Da BDNF eine zentrale Bedeutung bei der Signalübertragung von Serotonin zukommt – es trägt dazu bei, dass Serotonin im Gehirn effektiver wirkt –, kann eine gestörte Regulation zur Entstehung verschiedener neuropsychiatrischer Erkrankungen führen, bei denen BDNF eine Rolle spielt.

BDNF ist insbesondere bei Depressionen, Angststörungen, bipolaren Störungen und Schizophrenie von Bedeutung. Eine reduzierte BDNF-Expression wurde wiederholt mit einer erhöhten Anfälligkeit für diese Erkrankungen in Verbindung gebracht. Darüber hinaus ist BDNF auch bei neurodegenerativen Erkrankungen wie Alzheimer und Parkinson bedeutsam, da es für die Plastizität, das Überleben und die Regeneration von Nervenzellen unerlässlich ist.

Ein negativer Einfluss auf die BDNF-Expression wurde beispielsweise für miRNA-1 und miRNA-30a-5p nachgewiesen. (Cattaneo et al. 2016)

Serotonin beeinflusst Genaktivität

Es ist inzwischen gut erforscht, dass Serotonin nicht nur als Botenstoff im Gehirn wirkt, sondern auch die Aktivität von Genen direkt beeinflussen kann. Einfach ausgedrückt: Serotonin kann an bestimmte Stellen im Zellkern andocken und dort Gene „einschalten“. Das ist besonders wichtig in der Entwicklung des Gehirns, wenn Zellen spezialisierte Aufgaben übernehmen müssen.

Dieser Vorgang wird Serotonylierung genannt. Dabei verbindet sich Serotonin mit einem Eiweiß namens Histon H3. Histone sind wie Spulen, um die die DNA aufgewickelt ist. Wenn Serotonin an Histon H3 bindet, verändert sich die Struktur des Erbguts: Die DNA wird lockerer „verpackt“, sodass bestimmte Gene leichter abgelesen werden können.

Durch diesen Mechanismus kann Serotonin also direkt beeinflussen, welche Gene aktiv sind und welche nicht. Das ist besonders bedeutsam für Prozesse wie Lernen, Gedächtnis oder die Entwicklung des Gehirns von Neugeborenen – aber auch für das Verständnis von Krankheiten wie Depressionen oder Angststörungen, bei denen Serotonin eine wichtige Rolle spielt. (Farrelly et al. 2019) Dass durch Serotonin auch im Krankheitsfall eine Neogenese, das heißt Neubildung, bestimmter Nervenbahnen möglich wird, ist somit zwar sehr wahrscheinlich, jedoch müssen zukünftige Studien dies erst noch eindeutig belegen.

SEROTONIN: VOM MANGEL BIS ZUM ÜBERSCHUSS

Das Serotonin-Gleichgewicht kann sich im Laufe des Lebens erheblich verschieben und verändern. Sowohl ein Mangel – absolut, weil zu wenig Serotonin vorhanden ist, oder relativ aufgrund eines erhöhten Bedarfs – als auch ein Überschuss an Serotonin können organische und psychische Störungen verursachen, die sich den jeweiligen Serotonin-Werten gut zuordnen lassen.

Serotonin-Defizit-Syndrom

Wie überaus wichtig Serotonin für den Organismus ist, wird deutlich, wenn man einen Blick darauf wirft, was sein Defizit auslösen kann, so unter anderem Depressionen, Schlafstörungen, Antriebslosigkeit oder Fatigue, das heißt schwere Abgeschlagenheit. Auch viele Darmprobleme werden mit einem Mangel an Serotonin in Zusammenhang gebracht. Produziert der Körper zu wenig Serotonin, kommt es außerdem zu einem Schneeballeffekt, da auch andere wichtige Botenstoffe Serotonin für ihre Produktion brauchen. Sie erinnern sich: Aus Serotonin wird am Abend das Nachthormon Melatonin gebildet. Ein Serotonin-Mangel führt daher oft auch zu Melatonin-Mangel und damit zu Schlafstörungen.

Auch die Gamma-Aminobuttersäure (GABA), einer der wichtigsten Neurotransmitter im Gehirn, steht in engem Zusammenhang mit Serotonin, denn an ihrer Produktion ist das Glückshormon maßgeblich beteiligt. GABA sorgt übrigens dafür, dass wir uns entspannen, wirkt angstlösend und zum Teil schlafanstoßend.

Für eine verminderte Serotonin-Aktivität verantwortlich sind zwei Szenarien: Im ersten Fall produziert der Körper zu wenig Serotonin, beispielsweise bedingt durch einen Mangel an bestimmten Nährstoffen und Enzymen, die es für die Umwandlung von Tryptophan zu Serotonin braucht, wie etwa B-Vitamine oder Vitamin D. Im zweiten Szenario produziert der Körper zwar Serotonin, er verwendet es aber nicht effektiv genug. Dies kann zum Beispiel der Fall sein, wenn Sie über keine ausreichenden Serotonin-Rezeptoren verfügen oder jene nicht richtig arbeiten beziehungsweise das Serotonin zu schnell aus dem synaptischen Spalt zurück absorbieren. Darüber hinaus kann sich der Serotonin-Haushalt auch im Laufe des Lebens reduzieren, weil sich die Funktion der Serotonin-Rezeptoren und -transporter oder deren Verhältnis zueinander im fortschreitenden Alter verändert beziehungsweise verschiebt.

Die Anzeichen für einen Serotonin-Mangel sind übrigens ganz unterschiedlich, je nachdem, ob das Defizit peripher, etwa im Darm, oder zentral, also im Gehirn, besteht.

Symptome eines zentralen Serotonin-Tryptophan-Defizits sind zum Beispiel:

- Depressionen
- Angststörungen und Panikattacken
- Schlafstörungen (Ein- und Durchschlafstörungen/erhöhtes Schlafbedürfnis am Tag)
- Reduzierte Esskontrolle (Magersucht oder Bulimie)
- Libidoverlust
- Suizidgedanken
- Fibromyalgie
- Migräne
- Gedächtnisschwierigkeiten und Konzentrationsprobleme

Symptome eines peripheren Serotonin-Tryptophan-Defizits sind zum Beispiel:

- Reizdarmsyndrom
- Gestörtes Immunsystem
- Chronische Entzündungen
- Magen- und Darmprobleme (Durchfall/Verstopfung/Blähungen)
- Regeneration von Leber und Bauspeicheldrüse gestört

Serotonin-Syndrom

So ernste Konsequenzen ein Serotonin-Mangel haben kann, so gefährlich und lebensbedrohlich ist auch ein Überschuss des Hormons, der mit einer erhöhten serotonergen Aktivität sowohl im peripheren als auch im zentralen Nervensystem einhergeht und als Serotonin-Syndrom bezeichnet wird. Dieser Überschuss wird meist durch ein Medikament ausgelöst, das die Verfügbarkeit von Serotonin im synaptischen Spalt erhöht, oder durch die gleichzeitige Verabreichung von zwei oder mehr Arzneimitteln, die jene Erhöhung bewirken.

Typische Symptome eines Serotonin-Syndroms sind etwa:

- Angstzustände
- Erregung
- Erhöhte Muskelspannung
- Muskelzuckungen
- Unruhe
- Zittern
- Verwirrtheit

Vorsicht ist besonders geboten, wenn Sie sogenannte Serotonin-Wiederaufnahme-Hemmer (SSRIs) einnehmen, welche die Wirkdauer von Serotonin im synaptischen Spalt verlängern. Wird parallel dazu ein Mittel eingenommen, das eine der Vorstufen wie Tryptophan und/oder 5-HTP enthält, kann dies die unerwünschten Eigenschaften der SSRIs noch erheblich steigern, da zu viel Serotonin zu lange am Wirkungsort verbleibt. Es hat sich gezeigt, dass besonders die Kombination von mehreren verschiedenen serotonergen Arzneimitteln, wie SSRIs plus MAO-Hemmer – alles Arzneimittel, die unter anderem den Serotonin-Abbau blockieren – besonders gefährlich ist und schwerwiegende Nebenwirkungen bis hin zum Tod verursachen kann, wenn jener Medikamentencocktail mit Vorstufen des Serotonins kombiniert wird. (Scotton et al. 2019)

Auch psychoaktive Substanzen wie Opioide können, wenn sie gleichzeitig mit einem Antidepressivum eingenommen werden, theoretisch zu einem Serotonin-Syndrom führen. (Poian & Chiavegatto 2023)

Was sind Serotonin-Wiederaufnahme-Hemmer?

Dabei handelt es sich um Medikamente, welche die Wiederaufnahme von Serotonin aus dem synaptischen Spalt zurück in die Zellen hemmen, wodurch der Serotonin-Spiegel im synaptischen Spalt erhöht wird. Diese werden oftmals zur Behandlung von Depressionen verschrieben.

Leider sind viele derartige Medikamente aber mit ernsten Nebenwirkungen verbunden, beispielsweise Übelkeit, Kopfschmerzen, Mundtrockenheit, Verstopfung, Schwindel, Leberstörungen, Störungen der Libido. Zudem besteht das Risiko für innere Blutungen, das durch die Einnahme etwa von Aspirin dramatisch erhöht wird.

Was sind MAO-Hemmer?

MAO steht für Monoaminoxidase, ein Enzym, das im Körper dafür sorgt, dass verschiedene Neurotransmitter, darunter auch das Serotonin, abgebaut werden. MAO-Hemmer blockieren diesen Vorgang, wodurch mehr Neurotransmitter wie Serotonin länger vor Ort bleiben, aktiv sind und damit eine stimmungsaufhellende Wirkung erzielen. (Murakami et al. 2016, Capuron et al. 2003)

MAO-Hemmer werden bei schweren Depressionen eingesetzt – vor allem, wenn andere Antidepressiva nicht helfen –, ebenso wie bei Parkinson, seltener bei Angststörungen. Zu den zahlreichen Nebenwirkungen zählen beispielsweise Schwitzen, Zittern, Mundtrockenheit, Schwindel, Schlafstörungen, Kopfschmerzen, Übelkeit, Magen-Darm-Beschwerden.

Obwohl die Entstehung eines sogenannten Serotonin-Syndroms extrem selten ist – in den letzten 25 Jahren ist kein Fall in der Literatur beschrieben worden –, sollten Sie beim Auftreten eines der in Abbildung 11 angeführten Symptome unverzüglich einen Arzt aufsuchen, denn ein langanhaltender Serotonin-Überschuss kann zu einer lebensbedrohlichen Situation werden. Bislang wurde übrigens kein Serotonin-Syndrom beobachtet, wenn die Serotonin-Vorstufen Tryptophan oder 5-HTP, oder eine Kombination aus beiden, eingenommen wurden. Das deutet darauf hin, dass diese Substanzen relativ sicher sind.

	LEICHTE SYMPTOME	MÄSSIGE SYMPTOME	SCHWERE SYMPTOME
NEUROMUSKULÄRE VERÄNDERUNG	*Verminderte motorische Koordination Akathisie*	*Tremor Klonus Hyperreflexie*	*Steifigkeit*
AUTONOME INSTABILITÄT	*Durchfall, Übelkeit Tachykardie Hypertonie*	*Diaphorese Hyperthermie (>38ËC)*	*Hyperthermie (>40ËC)*
MENTALE STATUSÄNDERUNG	*Schlaflosigkeit Angst*	*Aufregung Verwirrung*	*Krampfanfälle Koma*

Abb. 11: Klinische Merkmale des Serotonin-Syndroms
(modifiziert nach Poian & Chiavegatto 2023, Scotton et al. 2019)

EINFLUSSFAKTOREN VON A BIS Z

Neben dem natürlichen Rückgang der Serotonin-Synthese im Laufe des Älterwerdens gibt es noch viele weitere Einflussfaktoren, die – negativ ebenso wie positiv – auf den Serotonin-Spiegel einwirken.

Bewegung

Dass Sport gesund ist, wissen Sie natürlich. Aber wussten Sie auch, dass wir dadurch geistig leistungsfähiger werden und uns besser konzentrieren können? Wie Studien ergeben haben, führt regelmäßige Bewegung sogar dazu, dass unsere Gehirnzellen wachsen, was besonders im Laufe des Älterwerdens immens wichtig ist.

Studie: Bewegung verjüngt das Gehirn

Eine Studie mit 120 älteren Teilnehmenden zwischen 55 und 80 Jahren zeigte, dass aerobes Training – Aerobic dreimal pro Woche – die Größe des vorderen Hippocampus erhöhte, was zu einer Verbesserung des räumlichen Gedächtnisses führte. Durch das Bewegungstraining wurde das Volumen des Hippocampus bei den Probanden sogar um 2 Prozent erhöht, wodurch der altersbedingte Volumenverlust um ein bis zwei Jahre rückgängig gemacht werden konnte. In der Kontrollgruppe, die im selben Zeitraum, übrigens ein Jahr, nur Dehn- und Straffungsübungen ausführte, konnten diese Effekte nicht beobachtet werden. (Erickson et al. 2011)

Der Grund für diese positive Wirkung: Regelmäßiger Sport kurbelt die Serotonin-Bildung an und wirkt sogar als wahrer Serotonin-Booster. Zugleich wird durch die körperliche Betätigung der BDNF-Spiegel erhöht, der die Bildung neuer Synapsen unterstützt und dafür sorgt, dass Serotonin im Gehirn besser wirkt. Kein Wunder also, dass BDNF gerne als „Dünger" für unser Gehirn bezeichnet wird. Auch die eben erwähnte Studie ergab ein eindeutig höheres Serum-BDNF der Aerobic-Gruppe.

Um Serotonin beziehungsweise BDNF zu erhöhen, ist Ausdauersport wie beispielsweise Laufen und Radfahren, aber auch Tanzen oder eben Aerobic am besten geeignet. Wenn Sie zu jenen Menschen zählen, die intensiv Sport betreiben und dabei mitunter auch gerne an Ihre Grenzen gehen, haben Sie vielleicht schon das Phänomen des „Runner's High" erlebt. Dieses euphorische Glücksgefühl, zum Beispiel nach einer längeren Laufrunde, wird durch die Freisetzung von hohen Mengen an Serotonin hervorgerufen, neben anderen Botenstoffen, die für ein Glücksgefühl sorgen können. Hierzu zählen die sogenannten Endorphine, körpereigene Botenstoffe, die mit dem Morphin beziehungsweise Opium verwandt sind.

Zugleich ergeben sich durch regelmäßige sportliche Betätigung weitere positive Effekte auf Ihre Gesundheit: Sport hilft nachweislich bei Depressionen, Angststörungen und anderen neuropsychiatrischen Störungen und kommt außerdem Ihrem Herz-Kreislauf-System zugute.

Ernährung

Wie Sie schon gehört haben, braucht es ausreichend Tryptophan in Ihrem Körper, damit Serotonin produziert werden kann. Damit kommt der Ernährung eine wesentliche Rolle zu. Verzichten Sie Ihrer Gesundheit zuliebe daher bitte unbedingt auf einseitige Diäten und achten Sie darauf, genug tryptophanhaltige Lebensmittel regelmäßig zu sich zu nehmen, wie zum Beispiel Hüttenkäse, Kürbiskerne, Frühstücksflocken mit Milch, Puten- und Hühnerfleisch, Fisch, Eier, Tofu, Mandeln, Erdnüsse, Vollmilch und Naturjoghurt (siehe Abbildung 12, Seite 69). Auch wenn es immer wieder behauptet wird: Schokolade enthält leider keine sehr hohen Mengen an Tryptophan, auch Bitterschokolade nicht.

Studie:
Orangen können Depressionsrisiko senken

Eine interessante Beobachtung machte eine Studie mit über 30.000 Frauen: Jene Teilnehmerinnen, die täglich eine Orange aßen, reduzierten ihr Risiko, an einer Depression zu erkranken, um circa 20 Prozent.

Die Forscher vermuten, dass dieser positive Effekt auf eine Zunahme des Darmbakteriums Faecalibacterium prausnitzii zurückzuführen ist. Dieses Bakterium könnte die Übertragung von Serotonin und Dopamin ins Gehirn unterstützen, mit einer positiven Auswirkung auf die Stimmung und das Wohlbefinden. (Samuthpongtorn et al. 2024)

Hormone

Melatonin, Östrogene, Cortisol, Progesteron und DHEA – alle diese Hormone beziehungsweise Neurotransmitter beeinflussen die Produktion von Serotonin. So reicht beispielsweise ein auch nur kurzer Abfall von Östrogen und schon fühlen Sie sich antriebslos oder sind in gedrückter Stimmung, wie es Frauen oft in der zweiten Hälfte ihres Menstruationszyklus oder in der Menopause erleben.

Auch ein dauerhaft erhöhter Cortisol-Spiegel, hervorgerufen etwa durch chronischen Stress, kann die Serotonin-Synthese hemmen oder den Serotonin-Abbau in Richtung Kynurenin beschleunigen, was langfristig zu Depression, Angst- und Schlafstörungen beitragen kann. Cortisol wird in den Nebennieren produziert und hilft uns, gerade in stressigen Zeiten mit den Herausforderungen zurechtzukommen, denn es erhöht unsere Aufmerksamkeit und Wahrnehmung, verbessert kurzfristig das Gedächtnis und führt allgemein dazu, dass wir uns wacher fühlen. Auch bei niedrigem Blutzucker und während sportlicher Betätigung wird es ausgeschüttet und reagiert damit auf unseren erhöhten Energiebedarf. (Fauteck 2018)

Sind wir allerdings dauerhaft gestresst, wird Cortisol den ganzen Tag über in höheren Mengen produziert, was Auswirkungen auf das Hormonsystem hat. Die Folge: Sie haben Probleme mit dem Einschlafen, was wiederum die Serotonin- und weiters die Melatonin-Freisetzung beeinflusst und einen wahren Teufelskreis in Gang setzt.

Stress und die HPA-Achse

Eine entscheidende Rolle bei der Stressreaktion des Körpers spielt auch die Hypothalamus-Hypophysen-Nebennierenrinden-Achse, kurz HPA-Achse, die eng mit dem Serotonin-System verknüpft ist, da sich beide gegenseitig beeinflussen. Die HPA-Achse ist sozusagen das Stresssystem unseres Körpers und besteht aus drei Teilen: dem Hypothalamus im Gehirn, der Hypophyse, einer kleinen Drüse unter dem Hypothalamus, und den Nebennieren.

Wenn wir Stress haben, startet dieses System eine Kettenreaktion, die am Ende dazu führt, dass der Körper Cortisol ausschüttet. Serotonin ist dabei maßgeblich beteiligt, denn es stimuliert bei stressbedingten Situationen die Aktivität der HPA-Achse, insbesondere über bestimmte Serotonin-Rezeptoren wie 5-HT1A oder 5-HT2A.

Umgekehrt beeinflusst eine dauerhafte Aktivität der HPA-Achse aber auch die Serotonin-Produktion; zum Beispiel, weil die Rezeptoren durch die dauerhafte Ausschüttung von Cortisol weniger empfindlich oder sogar abgebaut werden und Serotonin daher nicht mehr so gut wirken kann. (Mahar et al. 2014)

Licht

Wenn in den Wintermonaten die Nächte länger und die Tage kürzer werden und die Sonne sich am bedeckten Himmel nur selten blicken lässt, kann auch das zu einem Serotonin-Mangel führen. Ein Grund: Vitamin D, das vor allem durch das Sonnenlicht gebildet wird, kurbelt auch die Serotonin-Produktion an. Fehlendes (Sonnen-) Licht ist in zahlreichen Untersuchungen übrigens bereits als verantwortlich für die saisonal bedingte Depression (SAD) – auch Winterdepression genannt – bestätigt worden.

In einer älteren Studie wurde bei 101 gesunden Personen ein Jahr lang die Konzentration von 5-HIAA (5-Hydroxyindolessigsäure) – dem wichtigsten Abbauprodukt von Serotonin – in der Gehirnflüssigkeit gemessen, um mögliche Auswirkungen der Jahreszeiten zu untersuchen.

Das Ergebnis: Die Probanden wiesen im Sommer höhere Serotonin-Werte auf als im Winter. Zudem konnte beobachtet werden, dass das serotonerge System umso aktiver arbeitete, je heller das Tageslicht war. Für die Wissenschaftler eine Erklärung, warum Menschen im Winter anfälliger für depressive Verstimmungen sind. (Lambert et al. 2002)

Medikamente

Auch manche Medikamente, etwa zur Senkung des Blutdrucks oder Betablocker, können die Serotonin-Produktion mindern, genauso Cholesterinsenker oder Appetitzügler. Ebenfalls Einfluss auf den Serotonin-Haushalt haben die bereits erwähnten MAO-hemmenden Medikamente, wie sie beispielsweise manchmal bei Parkinson, Depressionen oder Angststörungen eingesetzt werden.

Schlaf

Chronischer Schlafmangel wirkt sich ebenfalls überaus negativ auf die Serotonin-Bildung aus, denn: Serotonin ist ein Vorläufer von Melatonin, dem Schlafhormon, und die beiden beeinflussen sich gegenseitig.

Jeder von uns kennt diese Phasen: Bei Stress oder Sorgen schlafen wir plötzlich nicht mehr so gut und wir haben Probleme mit dem Einschlafen. In der Nacht wachen wir vielleicht mehrmals auf, ohne in den erholsamen Schlaf zurückzufinden.

Neben Stress und Sorgen können auch Ängste oder Ärger für Schlafstörungen verantwortlich sein, ebenso ernsthafte psychische Erkrankungen wie Depressionen, Angststörungen oder Burn-out. Es ist daher wichtig, den Ursachen auf den Grund zu gehen, denn die gesundheitlichen Folgen von Schlafmangel sind schwerwiegend.

So ergab eine schon ältere Studie mit 130.000 Teilnehmenden, dass schon leichte Störungen des Schlafs das Risiko für Übergewicht um 35 Prozent erhöhen, für Diabetes um 54 Prozent und für Herz-Kreislauf-Erkrankungen sogar um 98 Prozent! (Irwin et al. 2016)

Tipps für einen gesunden Schlaf

- Schlafen Sie mindestens sieben Stunden.
- Gehen Sie jeden Tag zur selben Zeit schlafen.
- Stehen Sie morgens immer zur selben Zeit auf.
- Nehmen Sie circa drei Stunden vor dem Schlafengehen Ihre letzte Mahlzeit zu sich.
- Vermeiden Sie vor dem Zubettgehen blaues Licht von Handy, Tablet oder Fernseher. (Fauteck et al. 2018)

Stress

Chronischer Stress und Burn-out können ebenso wie belastende Lebensumstände und Schicksalsschläge die Serotonin-Produktion bremsen oder sogar hemmen und eine Verschiebung hin zum Kynurenin-Weg bewirken, was wiederum mit einer Reduzierung der Serotonin-Synthese verbunden ist.

Gleichzeitig werden diese Situationen durch einen Serotonin-Mangel verstärkt, was zu einem Teufelskreis führt. Vorsicht ist auch bei Alkohol, Nikotin und Koffein geboten, die ebenfalls wahre Serotonin-Räuber sind, indem sie negativ auf die Serotonin-Rezeptoren einwirken.

Wenn der Stress zu viel wird:

- Legen Sie bewusste Pausen ein.
- Genießen Sie ein entspannendes Bad.
- Hören Sie Ihre Lieblingsmusik.
- Versuchen Sie es mit Yoga oder Meditation, wenn Sie nach einer langfristigen Methode suchen.

Tatsächlich haben bereits mehrere Studien ergeben, dass Meditation die Serumkonzentration von Serotonin deutlich erhöht und damit einen wichtigen Beitrag zum Abbau von Stress und zur Verbesserung der Entspannung liefert. (Thambyrajah et al. 2023)

Vitamine und Nährstoffe

Wenn Sie die Produktion Ihres körpereigenen Glückshormons ankurbeln wollen, sollten auch wichtige Vitamine und Nährstoffe auf Ihrem Speiseplan nicht fehlen, da Ihr Körper diese benötigt, um Serotonin produzieren zu können. Zur Erinnerung: Zu den wichtigsten zählen bestimmte B-Vitamine, allen voran B3 und B6, Magnesium, Folsäure, Vitamin D, Zink sowie Omega-3. Greifen Sie daher vermehrt zu Karotten, Linsen, Reis, Sonnenblumenkernen, Lachs und Thunfisch: Darin sind besonders viele B-Vitamine der Klassen B3 und B6 enthalten. Lachs und Thunfisch, Makrele, Hering und Sardinen punkten außerdem mit ihrem hohen Omega-3-Gehalt.

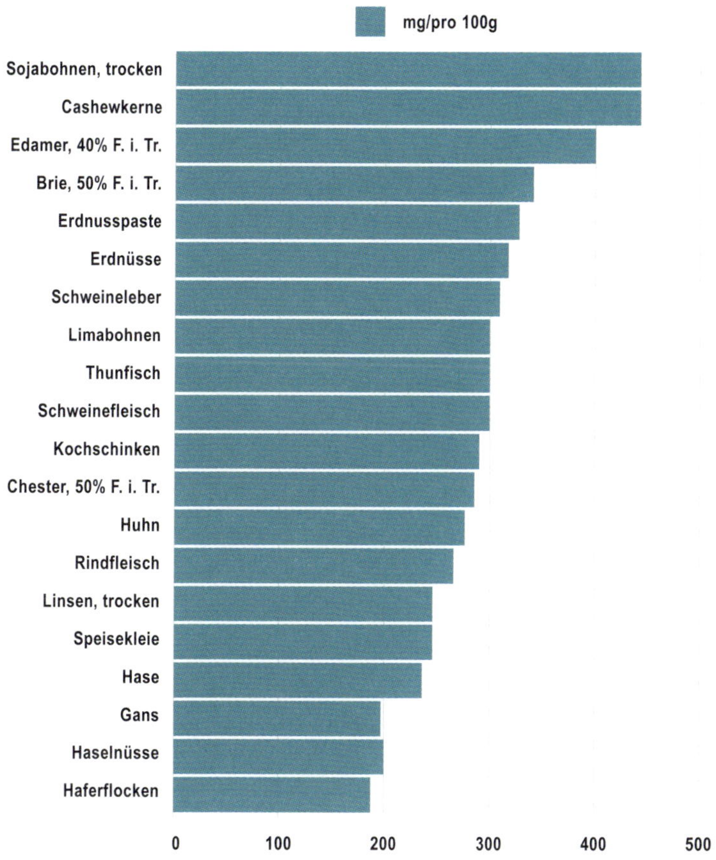

Abb. 12: Lebensmittel mit hohem Tryptophan-Gehalt

Essen Sie zudem öfter Blattgemüse, Vollkornprodukte sowie Bananen oder trinken Sie immer wieder ein Glas Milch. Diese Lebensmittel verfügen über viel Magnesium, das ebenfalls die Serotonin-Produktion positiv beeinflusst. Um Ihren Zink-Haushalt zu optimieren, greifen Sie am besten unter anderem zu Fleisch, Hartkäse, Eiern, Kürbiskernen, Haferflocken, Linsen, Kichererbsen und Vollkornprodukten.

NATÜRLICHE SEROTONIN-BOOSTER

Wie Sie in den vorherigen Kapiteln gelesen haben, können Medikamente, die gezielt in das Serotonin-System eingreifen – wie zum Beispiel SSRIs (Selektive Serotonin-Wiederaufnahmehemmer) oder MAO-Hemmer –, mit teils erheblichen Nebenwirkungen verbunden sein. Gleichzeitig wissen Sie bereits, dass bestimmte Lebensstilfaktoren wie Ernährung, Bewegung, Sonnenlicht und ausreichend Schlaf die körpereigene Serotonin-Produktion auf natürliche Weise unterstützen können.

Eine weitere vielversprechende Möglichkeit, den Serotonin-Spiegel auf natürliche Weise zu steigern, ist die Einnahme von 5-Hydroxytryptophan (5-HTP). Sie erinnern sich: 5-HTP ist eine direkte Vorstufe von Serotonin und wird im Körper effizient zu diesem wichtigen Botenstoff umgewandelt – wodurch der Serotonin-Spiegel im Gehirn ganz gezielt angehoben werden kann.

Über die normale Ernährung lässt sich 5-HTP allerdings kaum aufnehmen, da Lebensmittel nur sehr geringe Mengen dieses Vorläuferstoffes enthalten. Daher wird 5-HTP meist in Form von Nahrungsergänzungsmitteln eingenommen – häufig gewonnen aus der Pflanze *Griffonia simplicifolia*, die vor allem in den tropischen Regenwäldern West- und Zentralafrikas beheimatet ist.

Pflanzliches 5-HTP: Griffonia simplicifolia

Die Samen der Griffonia simplicifolia enthalten überaus hohe Konzentrationen von bis zu 30 Prozent natürlichem 5-HTP, gemessen an dem jeweiligen Trockengewicht. In der Pflanzenheilkunde genießt Griffonia eine lange Tradition als natürliche Medizin für den Menschen, dank ihrer antioxidativen, antimikrobiellen und nierenschützenden Eigenschaften sowie ihrer Wirksamkeit bei der Behandlung von Depressionen, Angstzuständen, Migräne, Kopfschmerzen und Schlaflosigkeit. (Nazhand et al. 2024)

Der große Vorteil von aus Griffonia simplicifolia gewonnenem 5-HTP besteht darin, dass es die Blut-Hirn-Schranke leicht überwinden kann – es benötigt kein Transportmolekül und konkurriert nicht mit anderen Aminosäuren, um ins Gehirn zu gelangen. (Ribas et al. 2021)

Dennoch: 5-HTP, auch aus pflanzlicher Quelle, sollte nicht ohne Rücksprache mit einem Arzt eingenommen werden, insbesondere bei gleichzeitiger Einnahme von Antidepressiva, da das Risiko eines Serotonin-Syndroms theoretisch besteht, wenn zu viel Serotonin im Körper vorhanden ist.

Leider hat die EFSA (Europäische Behörde für Lebensmittelsicherheit) den Gebrauch von Nahrungsergänzungen, die reines 5-HTP enthalten, Anfang 2022 verboten. Viele Wissenschaftler können den Grund für ein solches Verbot nicht nachvollziehen, da 5-HTP ja bereits seit vielen Jahrzehnten problemlos eingesetzt wurde. Alternativ darf somit lediglich das Pulver der Griffoniasamen genutzt werden, bei denen der Gehalt von 5-HTP bis zu 30 Prozent des jeweiligen Trockengewichtes ausmacht. Eine Beschränkung der Menge an Griffoniasamen ist nicht vorgesehen.

MESSEN VON SEROTONIN

Serotonin sowie dessen Abbauprodukte können im Blut und/oder im Urin nachgewiesen werden. Allerdings wird damit vor allem der periphere Serotonin-Spiegel erfasst. Ein zentrales Defizit, das heißt im Gehirn, kann damit nicht eindeutig festgestellt werden. Aber: In drei Viertel aller Fälle zeigt sich ein zentraler Serotonin-Mangel auch im peripheren Bereich. Wo dies nicht der Fall ist, sind die Symptome eines zentralen Defizits hilfreiche Indikatoren bei der Diagnose.

Messung im Blut

Serotonin im Blutplasma zählt zu den häufigsten Messmethoden, um den Serotonin-Spiegel festzustellen. Allerdings sagt der gemessene Wert nichts über das zirkulierende Serotonin im Zentralnervensystem, also im Gehirn, aus. Diese Methode wird vor allem bei Verdacht auf bestimmte Tumorerkrankungen angewandt – bestimmte Tumore erhöhen den peripheren Serotonin-Gehalt extrem –, ebenso zu Forschungszwecken. Misst man hingegen Serotonin ausschließlich in den Blutplättchen (Thrombozyten), eine äußerst komplizierte Methode, können auch Aussagen über den Serotonin-Gehalt im Gehirn gemacht werden.

Messung im Urin

Eine besonders einfache Methode zur Serotonin-Bestimmung ist die Messung im Urin. Dabei wird 5-Hydroxyindolessigsäure (5-HIAA) erfasst – das wichtigste Abbauprodukt von Serotonin – und so der Serotonin-Spiegel indirekt bestimmt. Jedoch liefert auch diese Methode primär nur Informationen über den Serotonin-Haushalt im gesamten Körper und unterscheidet nicht explizit zwischen dem Gehalt im zentralen Nervensystem und der Peripherie.

Messung im Liquor

Eine weitere Methode ist die Messung von 5-HIAA in der Hirnflüssigkeit (Liquor). Diese wird freilich nur selten angewendet, da sie eine aufwendige und invasive Lumbalpunktion erfordert. Zum Einsatz kommt sie deshalb nur bei bestimmten psychiatrischen Krankheitsbildern oder im Rahmen wissenschaftlicher Studien.

II.

SEROTONIN IM PRAXISALLTAG

NEUROPSYCHIATRISCHE STÖRUNGEN

Mentale Gesundheit ist eine Voraussetzung für ein glückliches Leben bis ins hohe Alter. Allerdings sind psychische Erkrankungen heute auf dem Vormarsch und nehmen jährlich kontinuierlich zu: Wurden 2017 global 322 Millionen Betroffene gezählt, stieg diese Zahl im Jahr 2019 auf 970 Millionen Menschen. Mit anderen Worten: Jeder Achte ist weltweit von einer mentalen Störung betroffen. (WHO 2022)

Als neuropsychiatrische Störungen gelten Erkrankungen, bei denen sowohl das Nervensystem als auch die psychische Gesundheit betroffen sind. Zu Letztgenannten zählen Depressionen und Angststörungen, die beide übrigens zu den häufigsten psychischen Erkrankungen gehören, sowie Alzheimer und Parkinson als Beispiele von neuralen Dysfunktionen.

Oft entstehen diese Störungen durch ein Zusammenspiel von vielen verschiedenen biologischen, psychologischen und sozialen Faktoren – etwa genetische Veranlagung, Ungleichgewichte bestimmter Neurotransmitter im Gehirn oder belastende Lebensereignisse, die sich allesamt auf das Denken, Fühlen, Verhalten und das soziale Leben auswirken.

Depressionen

Etwa jeder Fünfte erlebt im Laufe seines Lebens eine schwere depressive Episode. Frauen sind dabei fast doppelt so häufig von Depressionen betroffen wie Männer. Kein Wunder also, dass depressive Verstimmungen seit einigen Jahren verstärkt in den Fokus der Wissenschaft rücken.

Trotz jahrzehntelanger Forschung hat man die Mechanismen, die zur Entstehung von Depressionen beitragen, bislang nur teilweise verstanden. Einig ist man sich aber vor allem darin: Es gibt nicht „die eine" Ursache für Depressionen. Vielmehr sind unterschiedlichste biologische Prozesse im Körper für das Entstehen dieser komplexen Erkrankung verantwortlich (siehe Abbildung 13).

Typische Symptome einer Depression sind Energiemangel, ein Gefühl der Hoffnungslosigkeit, negative Gedanken bis hin zu solchen an den Selbstmord sowie Schlafstörungen. Zudem gehen Depressionen sehr oft mit Angststörungen einher.

Muskelschmerzen, Magen-Darm-Beschwerden oder Kopfschmerzen treten als körperliche Begleiterscheinungen oft zusammen mit Depressionen auf.

Die vielen Gesichter der Depression

Generell lassen sich bei der depressiven Verstimmung beziehungsweise der Depression unterschiedliche Ausprägungen unterscheiden: Eine leichte depressive Verstimmung ist nicht selten die physiologische Reaktion auf plötzlich auftretende Stresssituationen, wie einen Todesfall in der Familie, erhöhten Druck in der Arbeit oder das plötzliche

Auftreten bestimmter Erkrankungen, etwa Störungen der Schilddrüse sowie anderer Hormonsysteme oder Diabetes. Auch Alkohol- beziehungsweise Drogenmissbrauch und manche Medikamente können eine depressive Verstimmung verursachen. Sind diese Auslöser zeitlich beschränkt oder werden sie rechtzeitig korrigiert, verschwindet die depressive Verstimmung oftmals innerhalb kurzer Zeit.

Halten die Symptome hingegen längere Zeit an – etwa, weil sie nicht adäquat behandelt wurden oder durch weitere Faktoren verstärkt werden –, kann dies in einer milden bis mittelschweren Depression resultieren, die immer zu behandeln ist.

Eine schwere Depression stellt in den meisten Fällen eine Notfallsituation dar. Oft entsteht sie als Folgestadium einer nicht adäquat behandelten mittelschweren Depression. Sie kann aber ebenso akut auftreten. Als Notfall wird diese Form der Depressionen auch deshalb bezeichnet, da es hier vermehrt zu suizidalen Gedanken der Betroffenen kommt, welche eine umgehende Therapie erforderlich machen, die oftmals nur stationär durchgeführt werden kann.

Hormone und Neurotransmitter aus dem Gleichgewicht

Auch wenn die exakten Mechanismen, die zu einer depressiven Verstimmung oder Depression führen, bis heute nicht vollständig geklärt sind, zeigen Untersuchungen, dass häufig ein Ungleichgewicht der verschiedenen

Hormone und Neurotransmitter dafür mitverantwortlich ist.

Innerhalb der Hormone hat insbesondere das Stresshormon Cortisol eine wichtige Bedeutung. Bei den Neurotransmittern sind es vor allem Noradrenalin, Dopamin, Gamma-Aminobuttersäure (GABA) und Serotonin, die einen wesentlichen Part bei diesem Krankheitsbild einnehmen. Wie genau sie die Entstehung einer Depression mitverursachen, ist aber noch Gegenstand intensiver Forschung. (Bremshey et al. 2024)

Bisherige Ergebnisse zeigen jedoch, dass hauptsächlich das Serotonin-System eine zentrale Rolle zu spielen scheint. (Ding et al. 2023) Menschen, die an einer Depression leiden, weisen nämlich fast immer eine Funktionsstörung ihres Serotonin-Spiegels auf. Das ist mittlerweile wissenschaftlich sehr gut belegt und es hat sich gezeigt, dass bei dieser Erkrankung das gesamte Serotonin-System und seine Mechanismen fehlreguliert sind. (Issler et al. 2014, Dell'Osso et al. 2016)

Da aus Serotonin am Abend auch das Nachthormon Melatonin gebildet wird, erklärt sich zudem, warum Schlafstörungen ein so typisches Begleitsymptom von Depressionen sind.

SAD – Saisonal abhängige Depression

Auch bei der saisonal abhängigen Depression (SAD) oder Winterdepression, die vor allem im Herbst und in den Wintermonaten auftritt, kann oft ein Serotonin-Defizit für die Symptome – darunter gedrückte Stimmung, reduziertes Energieniveau, Ängstlichkeit, verstärkter Appetit auf Kohlenhydrate und Süßigkeiten sowie

Gewichtszunahme – verantwortlich gemacht werden. (Lambert et al. 2002)

Ein weiterer Grund für die reduzierte Serotonin-Verfügbarkeit im synaptischen Spalt der Nerven: Menschen, die an einer Winterdepression leiden, zeigen bei wenig Sonnenlicht mehr Aktivität der Serotonin-Transporter (SERT). Diese entfernen das Serotonin aus dem synaptischen Spalt, was in weiterer Folge zu einem Defizit führt – mit den oben genannten Symptomen. (Mc Mahon et al. 2016) Viel Sonnenlicht hingegen bewirkt, dass weniger SERT in der Zelle produziert wird. (Handschuh et al. 2025)

Risikofaktor Depressionen

Neuere Forschungen deuten übrigens darauf hin, dass Depressionen auch neurodegenerative Prozesse beschleunigen können. Menschen mit Depressionen haben daher ein erhöhtes Risiko, im Laufe ihres Lebens auch an Angststörungen, Alzheimer oder Parkinson zu erkranken. Bei all den hier genannten Erkrankungen sind oftmals die gleichen Hirnregionen betroffen – vor allem der Hippocampus und der präfrontale Kortex. Beide Bereiche sind eng mit der Stressregulation verbunden und besonders anfällig für chronische Belastungen. (Dolgacheva et al. 2025)

Gerade bei Parkinson gehören Depressionen zu den häufigsten Begleitsymptomen: Schätzungen zufolge sind 35–50 Prozent der Patienten betroffen. Den Grund sehen viele Studien in einem veränderten Serotonin-System, das bei Parkinson – ähnlich wie bei Depression – aus dem Gleichgewicht geraten ist. Vermutlich wird diese Störung

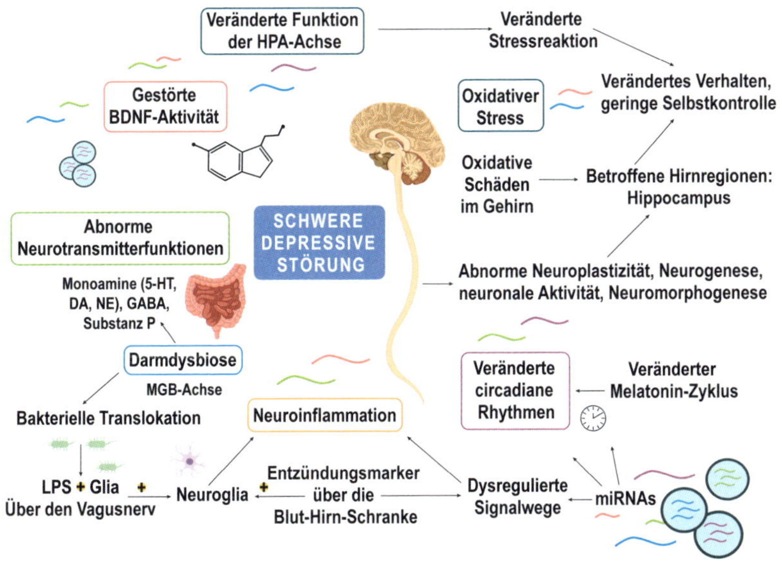

Abb. 13: Einflussfaktoren für die Entstehung von Depressionen (modifiziert nach Ortega et al. 2021)

des Gleichgewichts durch die verminderte Produktion von Dopamin – die Hauptursache für Parkinson – ausgelöst. (Sancho-Alonso et al. 2024)

Interessanterweise gilt auch der umgekehrte Zusammenhang: Menschen mit schweren Depressionen haben laut Studien ein deutlich höheres Risiko, später an Parkinson zu erkranken. Eine große Untersuchung zeigte, dass depressive Patienten häufiger Parkinson entwickelten als jene ohne depressive Vorgeschichte. (Gustafsson et al. 2015) Somit scheint das Serotonin-System – sei es nun aus dem Gehirn oder dem Darm kommend – auch einen direkten Effekt auf die Dopamin-Produktion und somit auf die Entstehung von Parkinson zu haben. (Nazir et al. 2025)

Entzündungen

Entzündungsprozesse sind bei der Entstehung von Depressionen ebenso maßgeblich beteiligt wie bei anderen Erkrankungen. So haben Studien ergeben, dass Menschen, die an einer Autoimmunerkrankung und schweren Infektionen leiden, ein größeres Risiko für eine Depression haben. Verantwortlich dafür: die Zytokine.

Was sind Zytokine?

Zytokine sind kleine Proteine, die im Körper als Botenstoffe fungieren. Sie tragen die Verantwortung für die Kommunikation der Zellen und spielen eine bedeutende Rolle bei der Zellteilung und der Blutbildung, ebenso wie bei Entzündungen und Immunreaktionen. Damit sind sie lebenswichtig für die Abwehr von Infektionen – vorausgesetzt, sie werden nicht unkontrolliert, in großen Mengen oder permanent freigesetzt.

Schon ein dauerhaft leicht erhöhter Zytokin-Spiegel kann gefährlich werden. Dadurch wird nämlich die „Silent Inflammation“, also die stetig voranschreitende leise Entzündung, ausgelöst, wodurch es zu Erkrankungen wie unter anderem Autoimmunerkrankungen (zum Beispiel Rheuma), Herz- Kreislauf-Erkrankungen oder Diabetes-Typ-2 sowie zu psychischen Störungen, wie beispielsweise Depressionen, kommen kann.

Untersuchungen haben bereits gezeigt, dass Patienten mit Depressionen signifikant höhere Spiegel an entzündlichen Zytokinen wie beispielsweise Interleukin-6 (IL-6) aufweisen als gesunde Personen.

Diese höheren IL-6-Spiegel können wiederum verschiedene Signalwege beeinflussen, welche die Entstehung, die Schwere und das Fortschreiten der Erkrankung begünstigen, indem sie zum Beispiel die HPA-Achse aktivieren, die antioxidativen Abwehrmechanismen beeinträchtigen, den Stoffwechsel der Neurotransmitter stören und/oder den Serotonin-Transporter aktivieren. (Liu et al. 2012, Rockson et al. 2025)

Durch die Behandlung sowohl mit Entzündungshemmern als auch mit Antidepressiva ist man in der Lage, die Aktivitäten der Zytokine umzukehren, wodurch depressive Symptome verbessert und der IL-6-Spiegel gesenkt werden kann. (García-García et al. 2022, Patel et al. 2023)

Stress, Cortisol und die HPA-Achse

Es gibt immer mehr Belege dafür, dass Stress und der damit verbundene hohe Cortisol-Spiegel ebenfalls ein entscheidender Faktor für das Auftreten und Fortschreiten von Depressionen sind. Viele Studien haben die zentrale Rolle einer veränderten Hypothalamus-Hypophysen-Nebennierenrinden-Achse (HPA) bei Depressionen hervorgehoben, also jener Achse, die den Cortisol-Spiegel reguliert.

Eine übermäßige Reaktion auf Stress kann nämlich zu erheblichen Veränderungen in den verschiedenen Strukturen des Zentralnervensystems führen und wichtige

Hirnareale betreffen, die bei der Entstehung von Depressionen von Bedeutung sind, etwa der Hypothalamus, der Hippocampus, die Amygdala und bestimmte Kerngebiete des Hirnstammes. (Ortega et al. 2021)

Außerdem hat sich gezeigt, dass die Überfunktion der HPA-Achse eine übermäßige Cortisol-Aktivität verursacht, die wiederum den Serotonin-Spiegel signifikant reduziert. (Ding et al. 2023) Aber auch das bereits erwähnte BDNF-System und die synaptische Funktion werden durch eine Überaktivierung der HPA-Achse beeinflusst, wie zahlreiche Studien bereits belegt haben. (Numakawa & Kajihara 2024)

Stress, Chronic Fatigue, Burn-out

Lang anhaltender Stress kann in einen Zustand chronischer Erschöpfung übergehen – häufig als „Chronic Fatigue", chronische Erschöpfung, bezeichnet. Dabei verändern sich die Cortisol-Werte im Tagesverlauf deutlich: Bei akutem Stress sind die Werte am Morgen zum Teil extrem hoch, während bei der chronischen Erschöpfung das typische Tagesprofil abflacht, mit einem Verlust des typischen Morgen-Abend-Unterschieds.

Bei weiter andauernder Belastung beziehungsweise Stress kann es sogar zu einer Umkehrung der Tagesrhythmik kommen, mit niedrigen Cortisol-Werten am Tag und hohen Werten am Abend. Auffällig ist, dass alle drei Formen – akuter Stress, chronische Erschöpfung und Burn-out – mit einem Rückgang des Serotonin-Spiegels einhergehen. Darüber hinaus können auch andere Neurotransmittersysteme betroffen sein.

Oxidativer Stress

Oxidativer Stress ist ein weiterer wichtiger Akteur bei der Entstehung einer Depression – und zwar aus vielerlei Gründen: Denn oxidativer Stress verursacht erwiesenermaßen Entzündungen und ein Ungleichgewicht der Stressreaktion beziehungsweise der HPA-Achse. Er verändert außerdem die Serotonin-Synthese und beeinträchtigt die synaptische Plastizität – Prozesse, die allesamt bei Depressionen beobachtet werden und einen Einfluss auf die Entstehung und die Entwicklung der Erkrankung haben können. (Correia et al. 2023b)

Untersuchungen haben bereits wiederholt ergeben, dass die erhöhte Produktion von freien Radikalen zur Überaktivierung der HPA-Achse führt. (Trifunovic et al. 2021)

Erwiesen ist auch, dass Entzündungen – hervorgerufen wodurch auch immer – mit Depressionen in Verbindung gebracht werden können. Personen, die an einer Depression leiden, verfügen tatsächlich über erhöhte Spiegel von entzündlichen Zytokinen wie Interleukin-6 (IL-6). (Zhou et al. 2022b)

Dies hat tiefgreifende Auswirkungen auf den Serotonin-Spiegel: Denn Entzündungen und freie Radikale begünstigen die Tryptophan-Umwandlung in Richtung Kynurenin, wodurch in einem nächsten Schritt 3-Hydroxykynurenin und Chinolinsäure entstehen, beides Substanzen, die direkt mit der Entwicklung von Depressionen assoziiert sind.

Die gute Nachricht: Serotonin kann sowohl den oxidativen Stress reduzieren als auch die Produktion von entzündlichen Zytokinen verhindern. (Vašíček et al. 2020) Eine weitere interessante Beobachtung in diesem

Zusammenhang: Untersuchungen haben gezeigt, dass eine Wechselwirkung zwischen Antidepressiva und Antioxidantien besteht. Denn nicht nur verfügen Antidepressiva über antioxidative Eigenschaften, sondern Antioxidantien wie zum Beispiel das Serotonin selbst weisen auch antidepressive Wirkungen auf. (Correia & Vale 2024)

Circadiane Rhythmusstörung

Viele Symptome einer Depression hängen zudem mit einer Dysregulation des circadianen Systems und seines Hauptregulators Melatonin zusammen. Zum Beispiel sind Veränderungen des Tagesrhythmus wie des Schlaf-Wach-Rhythmus, der Körpertemperatur, des Neurotransmitter- und Hormonspiegels bei depressiven Personen weit verbreitet. (Bunney et al. 2015). Gleichzeitig ließ sich zeigen: Werden diese Störungen der circadianen Rhythmik behoben, verbessern sich oftmals auch die Symptome der Depressionen (siehe Abbildung 14). (Dollish et al. 2024)

BDNF bei Depressionen

Wie bereits erwähnt, spielt BDNF eine wesentliche Rolle für die Entwicklung und Funktion des Gehirns. Es erfüllt aber auch eine wichtige physiologische Funktion beim Zellüberleben. Mehr noch: BDNF ist zudem für die kognitive Funktion, die emotionale Regulation und die Reaktion auf Stress unerlässlich. Kein Wunder also, dass eine Störung der BDNF-Funktion bei den verschiedenen psychischen Erkrankungen, einschließlich Depressionen, beobachtet wurde.

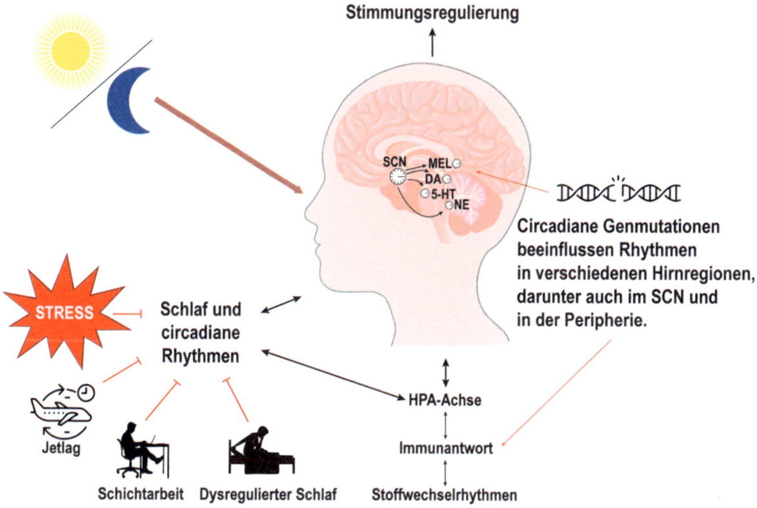

Abb. 14: Stimmungsregulation durch circadiane Rhythmen und Umweltfaktoren
(modifiziert nach Dollish et al. 2024)

Eine verminderte Aktivierung des BDNF-Systems und damit einhergehende kognitive Beeinträchtigungen, die ganz typisch für Depressionen sind, ließen sich bei Patienten mit depressiven Störungen ebenfalls nachweisen. (Numakawa & Kajihara 2024)

Sie erinnern sich: Körperliche Bewegung gilt als Treiber für die Produktion von BDNF. Experimente mit Tieren haben diesen Zusammenhang mehrfach belegt und über eine erhöhte Neubildung von Nervenzellen nach regelmäßiger körperlicher Betätigung berichtet, während akuter oder chronischer Stress jenen Prozess signifikant verringert. (Correia et al. 2023b)

Außerdem konnte bereits gezeigt werden: Schon eine kurzfristige Einnahme von Probiotika, die das Mikrobiom unterstützen, steigert die BDNF-Produktion im Gehirn und verbessert somit sowohl die Kognition als auch die Depression. (Schneider et al. 2023)

Gehirn-Darm-Achse

In den letzten Jahren ist immer deutlicher geworden, dass die bidirektionale Kommunikation zwischen dem Zentralnervensystem und dem Verdauungstrakt wichtige Auswirkungen auf die Aufrechterhaltung der Gehirnfunktion hat. So kann ein Ungleichgewicht der Darm-Hirn-Achse zu einer Vielzahl an neurologischen und psychiatrischen Erkrankungen beitragen oder diese verschlimmern.

Das Serotonin-System übernimmt dabei eine ganz wesentliche Rolle: Denn es agiert nicht nur im Zentralnervensystem, also Gehirn, sondern auch im enterischen Nervensystem, das heißt dem Gehirn des Magen-Darm-Traktes. (Sancho-Alonso et al. 2024)

Immer mehr Forschungsergebnisse deuten darauf hin, dass der 5-HT4-Rezeptor eine wichtige Funktion bei der Entstehung von Depressionen und damit verbundenen Darmstörungen beziehungsweise Störungen der Gehirn-Darm-Achse hat. Mehrere präklinische und klinische Studien zeigen, dass 5-HT4R-basierte Therapien nicht nur depressive Symptome lindern, sondern auch positive Effekte auf den Darm haben – und zwar über die Wechselwirkungen entlang der Darm-Hirn-Achse. (Agrawal et al. 2020)

Vom positiven Einfluss von Probiotika haben Sie ebenfalls schon gehört: In einem Experiment, das mit Ratten mit postpartaler Depression durchgeführt wurde, die das Probiotikum Lactobacillus casei erhielten, verbesserte diese Supplementierung nicht nur die depressionsähnlichen Verhaltensweisen. Auch die Darmmikrobiota verbesserten sich, was noch weitere Prozesse wie eine erhöhte Expression von BDNF sowie eine Verringerung von oxidativem Stress in Gang setzte. (Yang et al. 2022) Derartige Effekte konnte man auch bereits bei Patienten mit Depression nachweisen, auch wenn es hierzu noch weiterer Untersuchungen bedarf. (Schneider et al. 2023)

Der Einfluss der Ernährung

Viele Untersuchungen haben in den letzten Jahrzehnten den Zusammenhang zwischen bestimmten Ernährungsmustern und dem Risiko, an Angststörungen und Depressionen zu erkranken, betont. (Nanri et al. 2010) Vor allem der Konsum von Zucker, fettreichen Lebensmitteln und rotem Fleisch führt zu einer Veränderung der Darmmikrobiota und damit zu einem erhöhten Risiko für psychiatrische Störungen wie etwa Depressionen.

Andere Studien kamen beispielsweise zu dem Ergebnis, dass fermentierte Lebensmittel – diese sind reich an nützlichen Milchsäurebakterien – die kognitive Funktion erheblich verbessern können. (Kim et al. 2016) Mehrere Forschungsarbeiten haben außerdem die Wirksamkeit einer mediterranen Ernährung bei der Verringerung des Risikos psychiatrischer Störungen gezeigt. (Davidson et al. 2022)

Die Rolle der Mikro-RNAs

Der Einfluss von Mikro-RNAs auf Depressionen ist mittlerweile gut belegt (siehe Abbildung 15). So wurde unter anderem dargelegt, dass miRNA-15 und miRNA-16 die Expression des Serotonin-Transporters (SERT) beeinflussen. miRNA-16 könnte zudem eine regulierende Rolle bei der Wirksamkeit von Selektiven Serotonin-Wiederaufnahme-Hemmern (SSRIs) spielen. (Ortega et al. 2021)

Auch miRNA-135a, ein wichtiger stimmungsregulierender Marker, steht in engem Zusammenhang mit SERT und dem Serotonin-Rezeptor 5-HT1A. Studien haben gezeigt, dass bei depressiven Patienten die miRNA-135a-Spiegel im Blut und Gehirn deutlich reduziert sind. Nach der Gabe von Antidepressiva wurde hingegen ein signifikanter Anstieg dieser Spiegel beobachtet. (Issler et al. 2014)

Aktuelle klinische Studien deuten darauf hin, dass Mikro-RNAs auch das Ansprechen auf Antidepressiva beeinflussen können. So wurde bei depressiven Patienten eine deutliche Verringerung von miRNA-16, miRNA-132 und miRNA-1202 festgestellt – ein Muster, das sich nach einer erfolgreichen medikamentösen Behandlung wieder normalisieren lässt. (Rockson et al. 2025)

Eine weitere relevante Mikro-RNA ist miRNA-34a, die mit einer veränderten Serotonin-Funktion unter chronischem Stress in Verbindung steht. Studien verdeutlichen, dass erhöhte miRNA-34a-Spiegel die serotonerge Signalübertragung stören und somit depressive Symptome verstärken können. (Lo Iacono et al. 2020)

Darüber hinaus regulieren Mikro-RNAs auch speziell die Gene, die mit der Produktion der entzündungsfördernden Zytokine wie IL-6, TNF-α und IFN-γ verknüpft

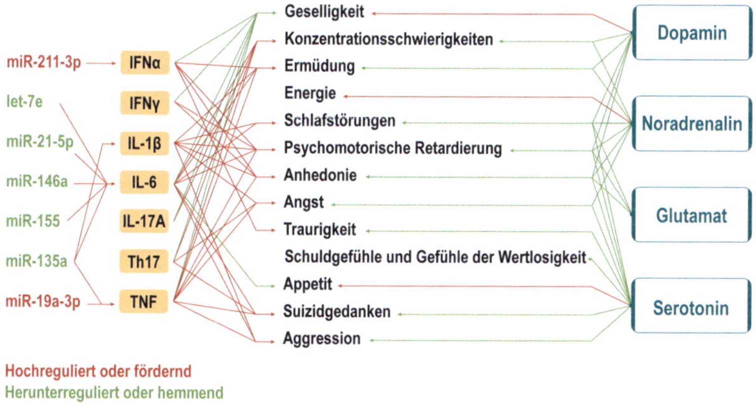

Abb.15: Rolle der Mikro-RNAs bei Depressionen (modifiziert nach Ding et al. 2023)

sind – Faktoren, die zur Entstehung von Depressionen beitragen können. (Rockson et al. 2025)

Antidepressiva mit starken Nebenwirkungen

Ein Therapieansatz bei Depressionen besteht darin, die Wiederaufnahme des Serotonins aus den synaptischen Spalten zu reduzieren beziehungsweise zu blockieren – so der Wirkansatz der Selektiven Serotonin-Wiederaufnahme-Hemmer (SSRI) beziehungsweise Serotonin-Noradrenalin-Wiederaufnahme-Hemmer (SNRI), die aktuell in der Antidepressionstherapie eingesetzt werden.

Allerdings haben diese viele Nebenwirkungen und führen manchmal zu Magen-Darm-Problemen, zur Erhöhung des Blutdrucks und Steigerung von Angstzuständen beziehungsweise innerer Unruhe. Auch wurde bei bestimmten Personengruppen eine erhöhte Suizidgefahr sowohl bei Therapiebeginn als auch nach Absetzen dieser Präparate beobachtet. Somit sollte der Einsatz dieser Antidepressiva stets nur unter fachärztlicher Aufsicht erfolgen.

Tryptophan und 5-HTP gut verträglich

Ein anderer Zugang zur Behandlung von Depressionen liegt deshalb darin, die Biosynthese von Serotonin im zentralen Nervensystem zu steigern. Da Serotonin als solches nicht von außen zugeführt werden kann, muss auf seine Vorstufen Tryptophan und 5-Hydroxytryptophan (5-HTP) zurückgegriffen werden, die als physiologische Substanzen praktisch ohne Nebenwirkungen sind und sehr gute Behandlungsergebnisse liefern.

Studie: 5-HTP verbessert depressive Symptome

In einer 2020 durchgeführten Studie (Meloni et al. 2020) wurde die Wirksamkeit von 5-HTP auf die depressiven Symptome, die bei Parkinson auftreten können, untersucht. Dafür erhielt eine Gruppe ein Placebo, die andere 50 Milligramm 5-HTP täglich über einen Zeitraum von vier Wochen. Das Resultat: Die Symptome der mit 5-HTP-behandelten Teilnehmer verbesserten sich signifikant im Vergleich zur Kontrollgruppe.

In einer anderen Studie konnte gezeigt werden, dass eine chronobiologisch ausgerichtete Kombination von 5-HTP und Tryptophan noch besser die Symptome einer leichten bis mittelschweren Depression bekämpfen konnte. Der Effekt des Kombiproduktes war sowohl gegenüber dem Placebo als auch den Monosubstanzen 5-HTP und

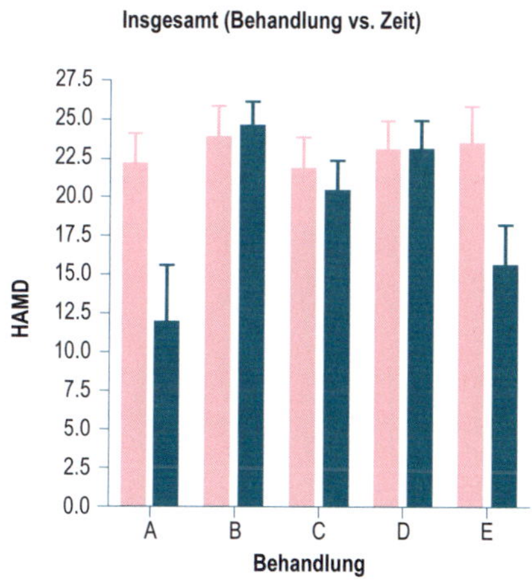

Abb. 16: Der Effekt von kombiniertem 5-HTP und Tryptophan (modifiziert nach Stankov et al. 2007)

Tryptophan signifikant überlegen (siehe Abbildung 16). (Stankov et al. 2007)

Auch bei stressbedingten Störungen wie chronischer Erschöpfung und/oder Burn-out konnte gezeigt werden, dass eine adäquate Substitution mit Tryptophan in Kombination mit 5-HTP die Situation signifikant verbessern kann. Zu diesem Zweck wurden 64 Personen, die nachweislich an einem Burn-out-Syndrom litten, entweder einmal pro Tag (morgens) oder zweimal am Tag (morgens und mittags) über 30 Tage hinweg mit einer chronobiologischen Kombination aus 5-HTP-Tryptophan behandelt. Bereits nach 15 Tagen ließ sich eine signifikante Verbesserung aller Symptome erkennen – ein Effekt, der nach 30 Tagen noch stärker ausgeprägt war. In der Gruppe, die zweimal am Tag behandelt wurde, trat der Effekt schneller und tendenziell verstärkt auf (siehe Abbildung 17). (Gerev et al. 2015)

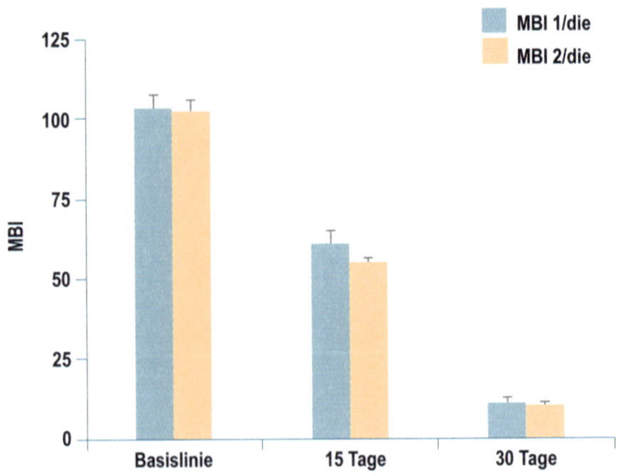

ABB. 17: Der Effekt einer Kombination aus 5-HTP und Tryptophan auf Burn-out-Symptome (modifiziert nach Gerev et al. 2015)

Angststörungen und Panikattacken

Angst ist eine an sich natürliche Reaktion auf ein als Bedrohung empfundenes Ereignis. Wenn die Angstgefühle allerdings sehr stark sind, übermäßig lange anhalten, immer wieder ohne erkennbaren Grund auftreten und die Lebensqualität und den Alltag einschränken, kann dies auf eine pathologische Angststörung hindeuten.

Etwa ein Drittel der Menschen leidet irgendwann im Leben an einer Angststörung. Schätzungen zufolge sind jährlich bis zu 20 Prozent der Bevölkerung davon betroffen, wobei das Risiko für Frauen doppelt so hoch ist. Angststörungen gehören, neben Depressionen, zu den häufigsten psychiatrischen Erkrankungen, die die Lebensqualität erheblich beeinträchtigen und die

Gesundheitssysteme erheblich belasten. (Ewuzie et al. 2024, Merkouris et al. 2025)

Personen mit einer pathologischen Angststörung erleben anhaltende und unkontrollierbare Gefühle von Angst, Besorgnis, Anspannung und Nervosität, die ihren Alltag und ihre Lebensqualität erheblich beeinträchtigen können.

Typische körperliche Symptome umfassen unter anderen Herzrasen, Zittern, Schwitzen, Atemnot oder Engegefühl in der Brust sowie Übelkeit und Magenbeschwerden. Schlafstörungen, Konzentrationsprobleme, Stimmungsschwankungen zählen zu den häufigsten psychischen Begleitsymptomen.

Risikofaktor Depressionen

Depressionen und Angststörungen stehen in einem engen Zusammenhang und treten sehr oft gemeinsam auf. Die ähnlichen Symptome beider Erkrankungen machen deshalb eine genaue Unterscheidung und Abgrenzung oft schwierig. Zu diesem Schluss kam auch eine Studie mit 77 Frauen im Alter von über 50 Jahren: Denn bei fast 50 Prozent der Betroffenen traten Angststörungen gemeinsam mit Depressionen auf. Bei allen Personen konnte man unter anderem niedrige Tryptophan- beziehungsweise Serotonin-Spiegel nachweisen. (Ramos-Chávez et al. 2018)

Stress, die HPA-Achse und BDNF

Die genauen Ursachen von Angststörungen sind noch nicht vollständig geklärt – klar ist aber: Chronischer Stress spielt auch hier eine zentrale Rolle. Studien zeigen, dass anhaltender Stress zu einer Überaktivierung der HPA-Achse führt, die ja bekanntlich ein wichtiger Teil des Stresssystems im Körper ist.

Besonders heikel: Stresserfahrungen in der frühen Kindheit können dieses System dauerhaft aus dem Gleichgewicht bringen. Die Folge: Eine chronisch aktivierte HPA-Achse in der Jugend erhöht das Risiko für Angststörungen im späteren Leben deutlich. Das zeigt, wie weitreichend und langfristig sich früher Stress auf die psychische Gesundheit auswirken kann. (Tafet & Nemeroff 2020, Merkouris et al. 2025)

Zudem beeinflusst chronischer Stress auch den Spiegel von BDNF. Wird BDNF herunterreguliert, verliert er aber seine schützende Wirkung auf die HPA-Achse – was den Stresskreislauf zusätzlich verstärken kann. (Tafet & Nemeroff 2020)

Verändertes Serotonin-System

Niedrige Serotonin-Werte beziehungsweise veränderte Stoffwechselprozesse von Tryptophan im Gehirn lassen sich fast immer bei Menschen feststellen, die an Angststörungen und Panikattacken leiden. Denn es sind gerade chronischer Stress, emotionale Belastungen sowie Lebensumstände, welche die Serotonin-Synthese beziehungsweise den Tryptophan-Stoffwechsel beeinflussen (siehe Abbildung 18). Neuere Studien bestätigen, dass niedrige Serotonin-Werte bei Angstzuständen außerdem mit entzündlichen Prozessen im Körper zusammenhängen. (Comai et al. 2020)

Aber nicht nur zu wenig Serotonin kann Angststörungen fördern, auch ein Zuviel des Glückshormons kann dafür

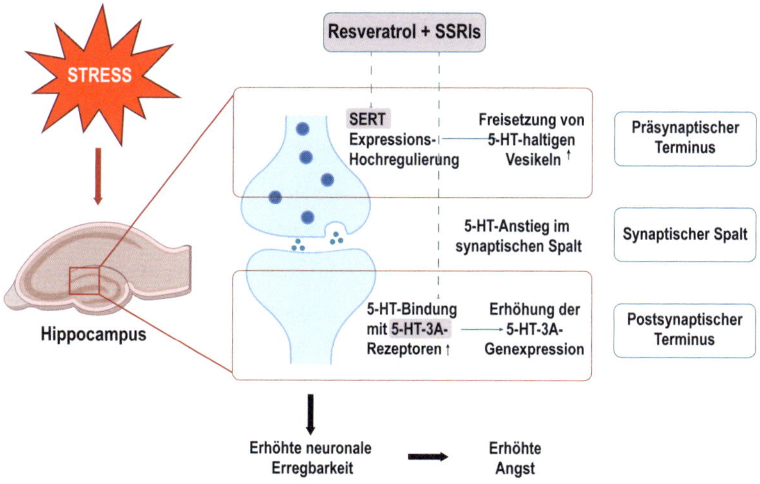

ABB. 18: Einfluss des Serotonin-Systems auf stressbedingte Angst (modifiziert nach Tseilikman et al. 2024)

verantwortlich sein. So führen erhöhte Serotonin-Spiegel mitunter zu einer erhöhten Expression des Serotonin-Transporters und der 5-HT3A-Rezeptoren, was langfristig Angstzustände hervorrufen kann. (Tseilikman et al. 2024)

Es ist außerdem bekannt, dass chronischer Stress das zirkulierende Tryptophan und Cortisol erhöht, was eine Verschiebung des Serotonin-Stoffwechsels in Richtung Kynurenin-Weg begünstigt – ein Umstand, der mit Angstzuständen verknüpft ist.

Serotonin und GABA – ein eingespieltes Team

Serotonin beeinflusst nicht nur unsere Stimmung, sondern auch Gamma-Aminobuttersäure (GABA) – einen der wichtigsten beruhigenden Botenstoffe im Gehirn. Dieses Zusammenspiel ist zentral für die Regulation von Angst: Gerät das Gleichgewicht zwischen Serotonin und GABA aus dem Gleichgewicht, steigt das Risiko für Angststörungen deutlich.

Während Serotonin vor allem für emotionale Stabilität und Wohlbefinden sorgt, ist GABA dafür zuständig, das Nervensystem zu beruhigen. Es wirkt angstlösend, entspannend und fördert den Schlaf. Ist zu wenig GABA im Körper vorhanden, bleibt das Gehirn dauerhaft in Alarmbereitschaft – was mit Reizbarkeit, Schlafproblemen, Angstzuständen und Depressionen einhergehen kann. Genug GABA hingegen wirkt wie eine natürliche Bremse: Es dämpft überaktive Nervenzellen, vor allem in stressigen oder bedrohlichen Situationen. (Luscher et al. 2011, Beretta et al. 2025)

Serotonin unterstützt die GABA-Funktion gleich mehrfach. Besonders wichtig ist hier der 5-HT1A-Rezeptor: Wird er aktiviert, fördert er die Freisetzung von GABA. Umgekehrt bedeutet ein Serotonin-Mangel nicht nur ein Stimmungstief, sondern auch weniger GABA – und damit mehr Stress und schlechteren Schlaf. (Carhart-Harris & Nutt 2017)

Dauerhaft niedrige Serotonin- und GABA-Spiegel können also nicht nur die Entspannung stören, sondern auch unsere Kognition und Gedächtnisleistung beeinträchtigen – vor allem, weil sie eng mit Schlafqualität und Stressregulation verknüpft sind. (Fauteck 2018)

Mikro-RNAs und ihr Einfluss auf Angststörungen

Neue Studien zeigen, dass in Bereichen des Gehirns, die mit Angst zu tun haben – wie der Amygdala, dem Hippocampus

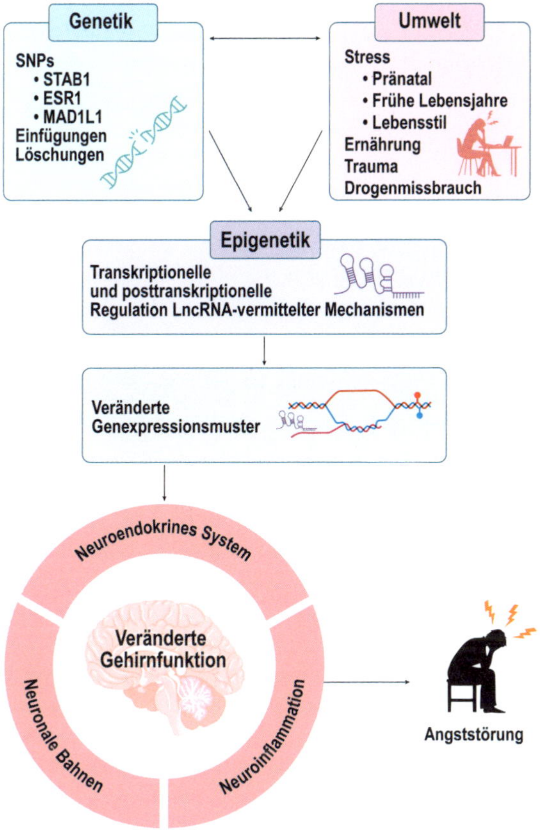

Abb. 19: Risikofaktoren für die Entstehung von Angststörungen
(modifiziert nach López-Rocha et al. 2025)

und dem präfrontalen Kortex –, die Aktivität bestimmter Mikro-RNAs aus dem Gleichgewicht geraten ist. So wurden in Tierversuchen bestimmte Mikro-RNAs wie miRNA-34, miRNA-144 und miRNA-132 direkt mit angstähnlichem Verhalten in Verbindung gebracht. (Merkouris et al. 2025)

Auch wenn zu diesem Thema noch kaum Humanstudien vorliegen, so ist es dennoch wahrscheinlich, dass die gezielte Beeinflussung dieser Mikro-RNAs eine diagnostische und therapeutische Option nicht nur der Depression, sondern auch der Angst darstellt (siehe Abbildung 19). (López-Rocha et al. 2025)

Behandlung mit SSRIs

Medikamente wie die bereits erwähnten Selektiven Serotonin-Wiederaufnahme-Hemmer (SSRI) gehören mittlerweile zum Standard bei der Behandlung von Angststörungen – vor allem, wenn Letztere durch belastende Lebensereignisse ausgelöst wurden. Aber: Diese sind bekanntlich oft mit gravierenden Nebenwirkungen verbunden.

Zudem wirken SSRIs nicht immer so wie erhofft. Werden SSRIs nämlich über längere Zeit eingenommen, kann in manchen Fällen der Serotonin-Spiegel übermäßig ansteigen – wodurch sich paradoxerweise die Angst sogar noch verstärkt. (Tseilikman et al. 2024)

Darm spielt eine zentrale Rolle

Seit Langem ist erwiesen, dass auch das Darmmikrobiom eine zentrale Rolle bei der Entstehung von Angstzuständen spielt. So kann eine gestörte Darmbarriere Entzündungsstoffe freisetzen, die über das Blut ins Gehirn gelangen, was wiederum mit Angststörungen und Depressionen in Verbindung steht.

Eine schon ältere Studie untersuchte die Wirkung von Probiotika mit Lactobacillus helveticus und Bifidobacterium longum auf das Angstempfinden und depressive Symptome – mit dem Resultat: Beide konnten reduziert und das emotionale Wohlbefinden darüber hinaus verbessert werden. (Messaoudi et al. 2011)

Regelmäßiger Sport wirkt angstlindernd

Wie wichtig regelmäßige Bewegung für Körper und Geist ist, wissen Sie natürlich. Doch spannend ist, was dabei auf neurochemischer Ebene passiert – besonders in Zusammenhang mit Serotonin, unserem Wohlfühl-Botenstoff:

Studien zufolge regt aerobes Training – beispielsweise Joggen, Radfahren oder zügiges Gehen – nicht nur die Produktion von Serotonin an, sondern fördert auch seine Freisetzung im Gehirn. Dort kann es dann besser an seine Rezeptoren andocken – was entscheidend ist, um die Stimmung und das Angstlevel positiv zu beeinflussen.

Besonders interessant: Bewegung aktiviert gezielt die 5-HT1A- und 5-HT7-Rezeptoren, die für die beruhigende und angstlösende Wirkung von Serotonin eine zentrale Rolle spielen. Diese Rezeptoren wirken wie eine Art Verstärker für die stimmungsaufhellenden Effekte, die wir nach dem Training spüren. (Ewuzie et al. 2024, Dolgacheva et al. 2025)

Neueste Studien deuten darauf hin, dass auch die zellulären Aktivitäten im Gehirn durch Sport beeinflusst werden. So gelang etwa der Nachweis, dass die Kommunikation zwischen den einzelnen Zellen gesteigert werden konnte, da kleine Zellbestandteile – sogenannte Ektosome, beladen mit Mikro-RNAs und/oder Neurotransmittern inklusive Serotonin – untereinander ausgetauscht wurden. Hierüber wurden Informationen ausgetauscht, die dazu führten, dass sich etwaige Angstzustände und/oder Depressionen reduzierten und das Gehirn sich regenerierte. (Wang et al. 2025)

Alzheimer

Alzheimer ist eine fortschreitende neurodegenerative Erkrankung, die typischerweise mit Beeinträchtigungen oder sogar dem Verlust von Gedächtnis, Sprache, Orientierung, Persönlichkeit und Urteilsvermögen sowie der Körpersteuerung einhergeht. Die Symptome können von Person zu Person unterschiedlich stark ausgeprägt sein, haben jedoch eines gemeinsam: Sie verschlimmern sich im Verlauf der Zeit.

Laut der Internationalen Alzheimer-Gesellschaft erkrankt weltweit alle drei Sekunden ein Mensch an Alzheimer. Waren im Jahr 2020 bereits über 55 Millionen Menschen davon betroffen, wird sich diese Zahl in Zukunft etwa alle 20 Jahre nahezu verdoppeln – bis 2030 auf rund 78 Millionen und bis 2050 auf etwa 139 Millionen, so die Prognosen. (ADI o. J.)

Die genauen Ursachen, die zur Entstehung von Alzheimer führen, sind noch nicht vollständig geklärt, dennoch steht bereits fest, dass, wie überhaupt bei fast allen neurodegenerativen Erkrankungen, viele Einflüsse dafür verantwortlich sind. Denn sowohl genetische Bedingungen – etwa eine familiäre Vorbelastung – als auch verschiedene Risikofaktoren wie Diabetes, hoher Cholesterinspiegel, Bluthochdruck, chronischer Stress, Übergewicht oder Alkoholmissbrauch scheinen eine Rolle zu spielen, ebenso wie Schlafstörungen und natürlich das Alter.

Darüber hinaus haben Studien Stimmungsstörungen wie Depressionen und Angstzustände als starke Risikofaktoren für die Entwicklung von Alzheimer identifiziert. (Tian et al. 2023b)

Das passiert im Gehirn

Verantwortlich für die oben beschriebenen Symptome sind Vorgänge im Gehirn, die das Entstehen von schädlichen Eiweißablagerungen, sogenannten Plaques, auch Beta-Amyloid genannt, begünstigen. Dabei handelt es sich um ein Proteinfragment, das in bestimmten Nervenzellen des Gehirns entsteht. Wird zu viel Beta-Amyloid gebildet oder nicht richtig abgebaut, wie es bei Alzheimer der Fall ist, sammeln sich diese Fragmente als Plaques zwischen den Nervenzellen an. Jene Plaques wiederum stören die Kommunikation zwischen den Nervenzellen und lösen Entzündungen mit den bereits genannten schwerwiegenden Folgen für das gesamte Gehirn, inklusive das Gedächtnis, aus. Durch die Ablagerungen funktionieren die Nervenzellen außerdem nicht nur immer schlechter, sondern sie können schließlich auch absterben.

Und noch ein zweites Eiweißmolekül ist in diese Vorgänge involviert: das Tau-Protein. In gesunden Nervenzellen unterstützt es die Arbeit der Mikrotubuli. Stellen Sie sich diese am besten wie ein Schienensystem vor, das mithilfe der Tau-Proteine Nähr- und andere wichtige Stoffe durch die Zellen transportiert. Bei Alzheimer verändern diese Tau-Proteine allerdings ihre Form: Sie verklumpen, wodurch die Transportwege zusammenbrechen und die Zellen nicht mehr mit Nährstoffen versorgt werden, was letztendlich zum Zelltod führt.

Bekannt ist mittlerweile auch, dass Ansammlungen von Beta-Amyloid-Oligomeren, das heißt kleinsten Eiweißmolekülen, ganz am Anfang bei der Entstehung von Alzheimer eine wesentliche Rolle spielen – und zwar schon bevor Plaques entstehen. Diese Oligomere interagieren direkt mit dem Tau-Protein, beeinflussen darüber hinaus die Synapsenbildung, tragen zu Entzündungen, oxidativem Stress und mitochondrialer Dysfunktion bei. (Dolgacheva et al. 2025)

Serotonin-Mangel bei Alzheimer

Schon lange ist bekannt, dass eine gestörte Funktion des Serotonin-Systems mit der Entstehung von Alzheimer in Verbindung steht. Studien belegen: Menschen mit Alzheimer haben deutlich niedrigere Tryptophan-, 5-HTP- und Serotonin-Werte als gesunde Personen – dafür aber erhöhte Kynurenin-Spiegel. Diese Veränderungen stehen im Zusammenhang mit verschlechterten kognitiven Leistungen und einer Zunahme an entzündungsfördernden Zytokinen (siehe Abbildung 20).

Besonders auffällig ist, dass bei Alzheimer-Patienten das Serotonin in den Raphe-Kernen – also dem zentralen Ursprungsort serotonerger Nervenzellen – sowie die im Körper zirkulierenden Serotonin-Spiegel deutlich reduziert sind. Zusätzlich wurde festgestellt, dass auch die

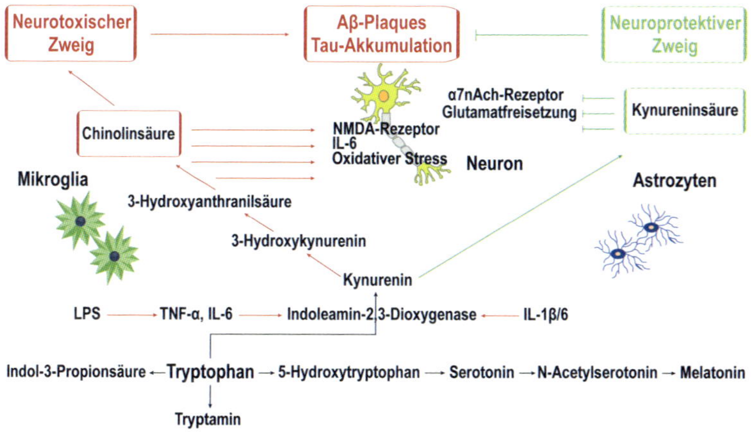

Abb. 20: Die Stoffwechselwege der Tryptophan-Derivate (modifiziert nach Xie et al. 2024a)

Konzentration des Serotonin-Transporters (SERT) bei Alzheimer-Erkrankten signifikant niedriger ist als bei gesunden Vergleichspersonen. All diese Faktoren führen zu einem effektiven, aber vor allem auch funktionellen Serotonin-Defizit im Gehirn. (Roth et al. 2021, Dolgacheva et al. 2025)

Der Einfluss des circadianen Rhythmus

Dazu kommt, dass der Mangel an Serotonin auch zu einer circadianen Rhythmusstörung führen kann. Sie erinnern sich: Darunter versteht man einen biologischen Ablauf, der sich etwa alle 24 Stunden wiederholt und wichtige Körperprozesse steuert. Neben Melatonin, welches primär in der Nacht gebildet wird, wird dieser Rhythmus auch von Serotonin, welches tagsüber am höchsten ist, reguliert, vor allem über die beiden 5-HT1B- und 5-HT7-Rezeptoren. Mehrfach bewiesen ist bereits, dass eine Störung des circadianen Rhythmus zu Schlafstörungen, Depressionen, vermindertem

BDNF, mitochondrialer Dysfunktion, erhöhter Belastung durch freie Radikale und oxidativem Stress führen kann (siehe Abbildung 21).

Unser „Kanalsystem“

Außerdem hat eine circadiane Rhythmusstörung tiefgreifende Auswirkungen auf die natürliche Reinigung des Nervensystems und somit auf die Beseitigung der Plaques. Dieser Vorgang passiert nämlich vor allem in der Nacht, mithilfe unserer körpereigenen Kanalisation: dem glymphatischen System.

Defekte Proteine, gefährliche Eiweißablagerungen wie Plaques sowie toxische Stoffwechselprodukte werden von jenem System, welches einen Teilbereich des Gehirn-Rückenmark-Flüssigkeits- oder kurz CSF-Systems ausmacht, in andere Lymphsysteme abtransportiert. Dieser Prozess ist wichtig für die neuropsychiatrische Gesundheit und vor allem für die Vermeidung von neurodegenerativen Erkrankungen wie Alzheimer und/oder anderen neurodegenerativen Prozessen. (Fauteck 2024)

Was ist das glymphatische System?

Das glymphatische System ist ein Reinigungssystem des Gehirns, das ähnlich wie das Lymphsystem im Körper funktioniert und Abfallstoffe aus dem Gehirn entfernt. Ein Teil des Liquors fließt dabei durch spezielle Kanäle zwischen den einzelnen Nervenzellen, spült die Abfallprodukte weg und hilft, das Gehirn gesund zu halten.

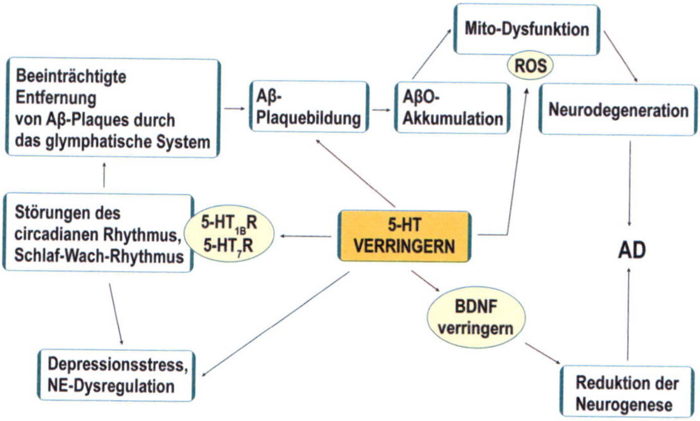

Abb. 21: Beziehungen zwischen Serotonin, Depression, Neurodegeneration, Alzheimer und dem circadianen Rhythmus (modifiziert nach Dolgacheva et al. 2025)

Wie gesagt, gehen diese Vorgänge aber vor allem vonstatten, wenn wir schlafen, denn die Aktivität des glymphatischen Systems ist im Schlaf höher und im Wachzustand geringer: 95 Prozent der Reinigungsprozesse im Gehirn finden in der Tiefschlafphase statt.

Das glymphatische System wird übrigens ebenfalls durch den circadianen Rhythmus reguliert. Mit anderen Worten: Ist der Rhythmus dysreguliert, wird das glymphatische System gehemmt, woraus geschlossen werden kann, dass akuter Schlafentzug die Beta-Amyloid-Ansammlung im Gehirn erhöht und die Entstehung von Alzheimer begünstigt. (Dolgacheva et al. 2025) Untersuchungen zeigen, dass Schlafstörungen bei Erwachsenen mit einem 30 Prozent höheren Risiko einhergehen, an Alzheimer zu erkranken, als dies bei Menschen mit einem gesunden Schlafmuster der

Fall ist. (Sabia et al. 2021) Aber auch ein Serotonin-Defizit am Tag hat einen negativen Einfluss auf die circadiane Rhythmik und fördert somit ebenfalls die Entstehung von Alzheimer über diesen Weg. (Fauteck 2018)

BDNF bei Alzheimer

Studien machen deutlich, dass bei Alzheimer-Patienten die BDNF-Spiegel im Gehirn signifikant reduziert sind – vor allem in Gedächtniszentren wie dem Hippocampus. Dabei wirkt sich ein Mangel an BDNF negativ auf verschiedene Signalwege, neben dem Serotonin-System auch auf die TrkB-Signalübertragung, aus. Das bedeutet: Nervenzellen verlieren den Kontakt zueinander, die Kommunikation im Gehirn wird gestört, wichtige Verbindungen brechen ab, und in manchen Fällen schrumpfen oder sterben Nervenzellen sogar ab.

Forscher vermuten, dass genau dieser Prozess das Fortschreiten von Alzheimer deutlich beschleunigt. Deshalb gilt die BDNF-Signalgebung mittlerweile als vielversprechendes Ziel für neue Therapien. Eine Option könnte dabei die Substitution von Tryptophan und/oder 5-HTP sein. (Numakawa & Kajihara 2024)

Oxidativer Stress bei Alzheimer

Das alternde Gehirn ist besonders anfällig für Schäden – vor allem durch oxidativen Stress. Mit dem Älterwerden lassen die körpereigenen Schutzmechanismen gegen freie Radikale nach, wodurch das Gleichgewicht im Gehirn leichter kippt.

Wissenschaftler sind sich heute weitgehend einig, dass oxidativer Stress eine zentrale Rolle auch bei der Entstehung, vor allem aber beim Fortschreiten von Alzheimer spielt. Studien kommen zu dem Schluss, dass sich durch den erhöhten oxidativen Stress im Gehirn von Alzheimer-Patienten schädliche Substanzen anreichern – darunter Beta-Amyloid-Oligomere und Plaques sowie Tau-Proteine. Diese Ablagerungen stören unter anderem die Funktion der Mitochondrien, also der „Kraftwerke" der Zellen, und damit die gesamte Zelle.

Mit dem Alter verlieren die Mitochondrien nicht nur an Leistungsfähigkeit – sie produzieren immer weniger Energie (ATP) –, sondern bauen ihre antioxidativen Schutzsysteme ab. Gleichzeitig entstehen mehr reaktive Sauerstoffspezies, also freie Radikale, was die ATP-Produktion zusätzlich stört. Das ist problematisch, denn ATP ist entscheidend für die Bildung und Aufrechterhaltung von Synapsen – das heißt für die Kommunikation zwischen Nervenzellen.

Die Folge: gestörte Zellkommunikation, verstärkte Entzündungen im Gehirn und ein schleichender Verlust wichtiger Gehirnfunktionen. Diese mitochondriale Dysfunktion gilt inzwischen als ein Schlüsselfaktor im Krankheitsprozess vieler Erkrankungen, darunter auch Alzheimer. (Rummel & Butterfield 2022, Tian et al. 2023b)

Die Rolle des Darms

Auch das Mikrobiom rückt in der Alzheimer-Forschung immer stärker in den Fokus. Studien zeigen: Unsere Darmbakterien sind über die Darm-Hirn-Achse eng mit der Entstehung und dem Verlauf dieser Krankheit verbunden.

Bei Alzheimer-Patienten unterscheidet sich die Zusammensetzung der Darmflora deutlich von jener gesunder Menschen – vor allem zwei Bakteriengruppen, die Firmicutes und Actinobakterien, sind stark reduziert. (Roth et al. 2021)

Das hat Konsequenzen: Ein Weniger dieser Bakterien bedeutet auch weniger kurzkettige Fettsäuren (SCFAs), die im Körper viele wichtige Aufgaben übernehmen. Sie fördern die Darmgesundheit, regen das Serotonin-bildende Enzym Tryptophan-Hydroxylase 1 an und wirken gleichzeitig entzündungshemmend. Außerdem schützen sie die Blut-Hirn-Schranke. Ein Mangel an diesen Bakterien wird daher auch mit verschiedenen Krankheiten im Gehirn in Verbindung gebracht, darunter Alzheimer.

Interessant in diesem Zusammenhang scheint auch die Tatsache zu sein, dass es bereits vor der Entstehung von Alzheimer zu bestimmten Veränderungen des Mikrobioms kommt. Somit konzentrieren sich neuere Forschungen auf Untersuchungstechniken, die anhand der Zusammensetzung des Mikrobioms das Risiko, an Alzheimer zu erkranken, frühzeitig erkennen wollen. (Ferreiro et al. 2023)

Andere Studien beschäftigen sich hingegen mit der Frage, inwieweit gezielte Veränderungen des Mikrobioms genutzt werden könnten, um Patienten mit Alzheimer therapeutisch zu unterstützen. (Zhang et al. 2023)

Der Einfluss der MikroRNAs

Viele Studien haben nachgewiesen, dass ein Mangel an Serotonin, kombiniert mit fehlregulierten Mikro-RNAs, die kognitiven Defizite, das Auftreten von Depressionen sowie überhaupt den Verlust von Nervenzellen bei Alzheimer verstärken kann. Besonders interessant in diesem Zusammenhang ist beispielsweise miRNA-132. Mehrere Untersuchungen haben bereits darauf hingewiesen, dass miRNA-132 an der Entstehung und Ansammlung von Beta-Amyloid- und Tau-Proteinen beteiligt sein könnte.

Da Alzheimer-Patienten tendenziell niedrige miRNA-132-Spiegel aufweisen, werden diese auch mit einem Serotonin-Defizit in Verbindung gebracht, was miRNA-132 nicht nur zu einem therapeutischen Ziel, sondern auch zu einem potenziellen diagnostischen Biomarker macht. (Zhang & Bian 2021)

Gleich in zweifacher Hinsicht ist miRNA-16 bei Alzheimer von Bedeutung: Denn einerseits reguliert es den Serotonin-Transporter (SERT) und somit die Serotonin-Wiederaufnahme aus dem synaptischen Spalt, andererseits steuert es das Amyloid-Vorläuferprotein, kurz APP, das eine weitere Ausgangssubstanz für die Alzheimer-Plaques im Gehirn darstellt. (Turk et al. 2021)

Körperliche Bewegung bei Alzheimer

Bewegung ist ein wahres Wundermittel für das Gehirn, was nicht oft genug betont werden kann. Schon regelmäßiges, zügiges Gehen kann das episodische Gedächtnis verbessern – also genau den Teil des Langzeitgedächtnisses, der persönliche Erfahrungen speichert. Und das gilt selbst dann, wenn man erst im mittleren Alter damit anfängt. (Choe et al. 2023)

Doch Bewegung kann noch mehr: Sport steigert bekanntermaßen nicht nur den BDNF-Spiegel, sondern kurbelt auch die Mitochondrien-Aktivität an. Gleichzeitig fördert er die Neuroplastizität, also die Fähigkeit des Gehirns, sich anzupassen und umzustrukturieren. Besonders in den Raphe-Kernen, die eng mit der Serotonin-Produktion verknüpft sind, entstehen dabei neue Verbindungen zwischen den Nervenzellen. Das ist speziell bei Alzheimer enorm wichtig: Denn je flexibler das Gehirn bleibt, desto besser kann es geschädigte Strukturen kompensieren. (Park et al. 2019)

Langfristiges Training bringt außerdem noch weitere Vorteile: Es senkt oxidativen Stress – folglich zellschädigende Prozesse –, verbessert die kognitiven Fähigkeiten und unterstützt die Wiederherstellung eines gesunden Gleichgewichts im Gehirn. (Ionescu-Tucker & Cotman 2021)

Besonders vielversprechend sind Programme, die Ausdauer, Kraft, Dehnung und Haltungstraining kombinieren. Eine Studie mit Alzheimer-Patienten zeigte, dass ein solches Training über sechs Monate hinweg nicht nur körperlich fit hält, sondern auch die geistige Leistungsfähigkeit deutlich verbessert. Die Forschenden empfehlen es deshalb als wirksame, nichtmedikamentöse Maßnahme bei Alzheimer. (Sampaio et al. 2019)

Erste tierexperimentelle Untersuchungen konnten nachweisen, dass speziell Ausdauersport den Serotonin-Spiegel in bestimmten Hirnarealen ansteigen lässt und somit nicht nur bei Alzheimer von Nutzen sein könnte, sondern auch bei anderen Erkrankungen, die durch ein Serotonin-Defizit begünstigt werden. (Chiapeta et al. 2025)

Positive Effekte durch Ernährung

Auch eine kalorienarme Ernährung hat überaus positive Effekte: Tatsächlich zeigt sich, dass eine reduzierte Kalorienzufuhr den oxidativen Stress im Körper senken und die neuronale Gesundheit stärken kann. Studien deuten sogar darauf hin, dass Kalorienrestriktion das Fortschreiten von Alzheimer verlangsamen könnte. (Ionescu-Tucker & Cotman 2021)

Auch bestimmten Lebensmitteln wird eine präventive Wirkung zugeschrieben: In einer Studie senkte der regelmäßige Verzehr von flavonolreichen Lebensmitteln – wie Blattgemüse, Obst, Bohnen und Tee – das Risiko, an Alzheimer zu erkranken, deutlich. Dies zeigt einmal mehr, wie stark Ernährung als vorbeugender und potenziell therapeutischer Faktor wirken kann. (Holland et al. 2020) Zudem kann Ernährung auch die zentrale Serotonin-Produktion beeinflussen, indem sie entweder die Vorläufer 5-HTP und Tryptophan zuführt und/oder bestimmte Vitamine wie das Vitamin B6 ergänzt. Mit diesen Maßnahmen wird nicht nur bei Alzheimer-Patienten der Serotonin-Haushalt stabilisiert. (Shabbir et al. 2013)

Morbus Parkinson

Parkinson zählt zu den häufigsten Erkrankungen des Nervensystems und lässt sich nach heutigem Stand nicht heilen. Verursacht wird sie durch das fortschreitende Absterben bestimmter Nervenzellen im Gehirn, die normalerweise den Botenstoff Dopamin produzieren. Dopamin ist entscheidend für die Steuerung von Bewegungen, die emotionale Balance, kognitive Prozesse und viele weitere Körperfunktionen. Sein Mangel wiederum wirkt sich auf viele geistige und körperliche Abläufe aus.

Typisch für Parkinson sind motorische Symptome wie verlangsamte Bewegungen, Gleichgewichtsstörungen und Verlust der Muskelkontrolle, zum Beispiel Muskelzittern und -steifheit. Aber auch zahlreiche nichtmotorische Symptome wie kognitive Beeinträchtigungen, Gedächtnisverlust, Demenz, visuelle Halluzinationen, Riechstörungen, Schlaf- sowie Magen-Darm-Störungen werden häufig bei Parkinson-Patienten beobachtet.

Die Krankheit entwickelt sich langsam – erste Symptome treten oft schleichend über Jahre hinweg auf. So können die nichtmotorischen Symptome häufig Jahrzehnte früher auftreten als die motorischen. Zum Zeitpunkt der Diagnose sind meist bereits rund 70 Prozent der dopaminbildenden Nervenzellen des Kerngebiets Substantia nigra – schwarze Substanz – zerstört, was eine wirksame Behandlung erheblich erschwert. (Mahmood et al. 2016)

Das passiert im Gehirn

Bei Parkinson lagern sich Alpha-Synuclein-Proteine in den Nervenzellen ab – vor allem in einem Bereich des Mittelhirns, der Substantia nigra. Diese Region ist entscheidend für die Bewegungssteuerung.

Die Proteinablagerungen sind giftig für die Zellen und führen dazu, dass immer mehr Dopamin-produzierende Nervenzellen in dem kompakten Bereich jenes Kerngebietes – der Substantia nigra pars compacta (SNpc) – absterben.

Dadurch kommt es zu den typischen motorischen Symptomen der Krankheit. (Khowdiary et al. 2025)

Doch Alpha-Synuclein verursacht nicht nur Zellverlust: Es löst auch Entzündungen im Gehirn aus, erhöht den oxidativen Stress und kann sogar die DNA schädigen. Das alles fördert den programmierten Zelltod – die Apoptose – vieler Nervenzellen.

Warum es zu diesen Ablagerungen kommt, ist bisher nicht vollständig geklärt. Wahrscheinlich handelt es sich um ein Zusammenspiel verschiedener Faktoren: Genetische Veranlagung, Umwelteinflüsse, Störungen der Mitochondrien, oxidativer Stress und chronische Entzündungen sowie Dysbalancen verschiedener Neurotransmitter wirken hier offenbar zusammen und treiben den Krankheitsprozess voran.

Serotonin-Mangel bei Parkinson

Inzwischen gibt es viele Hinweise darauf, dass das Serotonin-System auch bei neurodegenerativen Erkrankungen wie Parkinson stark gestört ist. Diese Fehlregulation wirkt sich besonders auf die nichtmotorischen Symptome aus, etwa Schlafstörungen, kognitive Probleme, Depressionen und Angstzustände.

Ein möglicher Auslöser könnten Alpha-Synuclein-Proteine sein, die sich bei Parkinson im Gehirn ablagern. Sie aktivieren die Mikroglia – das sind Immunzellen des Gehirns, die normalerweise beschädigte Nervenzellen abbauen und Krankheitserreger bekämpfen. Wenn sie jedoch überaktiv werden, lösen sie chronische Entzündungen aus – ein typisches Merkmal bei Parkinson.

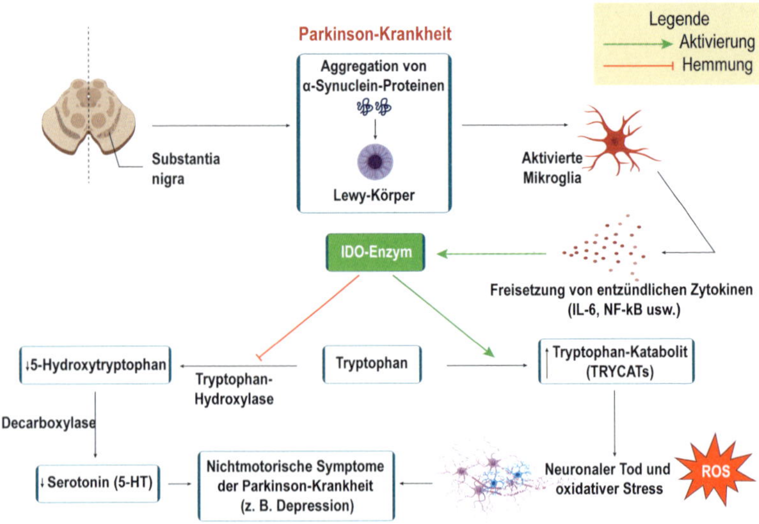

Abb. 22: Serotonin und nichtmotorische Symptome der Parkinson-Krankheit
(modifiziert nach Khowdiary et al. 2025)

Die Alpha-Synuclein-Proteine beeinflussen aber nicht nur Mikroglia, sondern fördern auch die Ausschüttung von entzündlichen Botenstoffen, also Zytokinen, die wiederum IDO aktivieren. Dabei handelt es sich um ein Enzym, das vor allem bei Entzündungen oder chronischem Stress aktiviert wird und dafür verantwortlich ist, dass Tryptophan in den genannten Situationen in Richtung Kynurenin und nicht Serotonin verstoffwechselt wird.

Die Folge: Der Serotonin-Spiegel sinkt, die Cholinsäure and andere Abbauprodukte des Kynurenins steigen, was wiederum die Entwicklung der nichtmotorischen Symptome bei Parkinson begünstigt – etwa depressive

Verstimmungen oder kognitive Einschränkungen (siehe Abbildung 22). (Khowdiary et al. 2025)

Serotonin beeinflusst auch motorische Symptome

Studien zeigen, dass Serotonin auch auf die Bewegungssymptome bei Parkinson Einfluss nimmt. Verschiedene Serotonin-Rezeptoren – insbesondere 5-HT1A, 5-HT2, 5-HT3 und 5-HT6 – spielen dabei eine Rolle. Sie wirken sich nicht nur auf die kognitiven Fähigkeiten aus, sondern auch auf die typischen Bewegungsstörungen. (Ohno et al. 2015)

Ein weiterer interessanter Zusammenhang betrifft das gängige Parkinson-Medikament L-DOPA, das den Dopamin-Mangel im Gehirn ausgleicht. Obwohl es sehr wirksam ist, kann es auf Dauer zu unwillkürlichen Bewegungen führen – sogenannten Dyskinesien. Dies scheint insbesondere dann der Fall zu sein, wenn der Serotonin-Haushalt gestört ist.

Denn Serotonin beeinflusst, wie L-DOPA im Gehirn verarbeitet wird. Serotoninproduzierende Nervenzellen können L-DOPA in Dopamin umwandeln und regulieren dabei, wie viel und wie gleichmäßig Dopamin freigesetzt wird. Dadurch kann Serotonin die Wirkung von L-DOPA stabilisieren und unerwünschte Nebenwirkungen wie Dyskinesien abmildern. (Chen et al. 2024b)

BDNF bei Parkinson

Immer mehr Studien lassen erkennen: Bei Parkinson ist nicht nur das dopaminerge System betroffen, sondern auch der BDNF-Spiegel und dessen Signalübertragung über seinen Rezeptor TrkB. Forschende gehen davon aus, dass eine eingeschränkte BDNF-Funktion den Verlust von Dopamin-Neuronen weiter beschleunigen kann. (Numakawa & Kajihara 2025)

Ein Grund dafür liegt in der typischen Alpha-Synuclein-Ablagerung bei Parkinson. Diese behindert den Transport von BDNF im Gehirn – was wiederum negative Folgen für die Dopamin-Produktion, den Serotonin-Haushalt und die Gesundheit der betroffenen Nervenzellen hat.

Tierstudien: BDNF kann Beweglichkeit verbessern

Tierstudien zur Parkinson-Krankheit zeigen, dass die Gabe von BDNF helfen kann, dopaminbildende Nervenzellen wiederherzustellen und sogar die Beweglichkeit zu verbessern. Das unterstreicht das neuroprotektive Potenzial von BDNF. (Nam et al. 2015)

BDNF kann aber noch mehr, ist es doch, in Kooperation mit dem Serotonin, ein zentraler Faktor für die synaptische Plastizität, also die Fähigkeit des Gehirns, Verbindungen zwischen Nervenzellen anzupassen. Genau das ist bei Parkinson entscheidend, denn durch den Nervenzellverlust geraten die neuronalen Netzwerke aus dem Gleichgewicht. BDNF und Serotonin helfen, sie zu stabilisieren. (Numakawa & Kajihara 2023, Melo et al. 2024)

Außerdem schützt BDNF die Zellen vor weiteren Schäden: Sinkt sein Spiegel, steigt das Risiko für oxidativen Stress und Fehlfunktionen der Mitochondrien – beides Prozesse, welche die Krankheit zusätzlich vorantreiben können.

Oxidativer Stress

Auch oxidativer Stress wird seit Langem mit der Entwicklung von Parkinson in Verbindung gebracht. Denn wie sich gezeigt hat, führt er zur vermehrten Bildung von Alpha-Synuclein-Proteinen und einer deutlichen Reduzierung von Dopamin. Außerdem fördert oxidativer Stress die Ausbreitung der schädigenden Proteine.

Dazu kommt: Ist die Alpha-Synuclein-Belastung in den dopaminergen Zellen erhöht, setzt womöglich einen Teufelskreis in Gang, da erhöhtes Alpha-Synuclein oxidativen Stress verschlimmern kann. (Musgrove et al. 2019) Unabhängig davon kann Serotonin als Radikalfänger direkt den oxidativen Stress bekämpfen und so die entsprechenden neuronalen Strukturen schützen. (Azouzi et al. 2017)

Parkinson und das Darmmikrobiom

Inzwischen mehren sich die Hinweise, dass auch das Darmmikrobiom eine wichtige Rolle bei der Entstehung und dem Verlauf von Parkinson spielt. Bestimmte Darmbakterien können offenbar entzündliche Prozesse auslösen, die über die Darm-Hirn-Achse bis ins Gehirn wirken und dort zur Schädigung von Nervenzellen beitragen. Ein zentraler Mechanismus dabei ist der Kynurenin-Signalweg, der durch Entzündungen aktiviert wird und neurotoxische Effekte haben kann. (Roth et al. 2021, Khowdiary et al. 2025)

Auch das Serotonin-System im enterischen Nervensystem – also dem „Bauchhirn" – scheint bei Parkinson mitbeteiligt zu sein. Studien machen deutlich, dass sich Alpha-Synuclein-Proteine, die als krankheitsauslösend gelten, bereits frühzeitig in den Nervenzellen des Darms ablagern (Sancho-Alonso et al. 2024). Dies könnte erklären, warum Veränderungen im Serotonin-Haushalt schon vor dem Auftreten motorischer Symptome beobachtet werden.

Als ein weiterer möglicher Einflussfaktor gelten kurzkettige Fettsäuren (SCFAs), die von bestimmten Darmbakterien gebildet werden. Sie fördern nicht nur die Serotonin-Produktion im Darm, sondern wirken auch entzündungshemmend. Bei Parkinson-Patienten wurden jedoch verminderte SCFA-Werte festgestellt – was nahelegt, dass ein Mangel an SCFA-produzierenden Bakterien mit dem gestörten Serotonin-Haushalt und möglicherweise auch mit dem Krankheitsverlauf zusammenhängt. (Sancho-Alonso et al. 2024) Dies würde zumindest erklären, warum die nicht zentral bedingten Störungen oftmals den motorischen Störungen um mehrere Jahre vorangehen.

Gastrointestinale Störungen als Frühwarnzeichen

Interessant in diesem Zusammenhang ist auch: Magen-Darm-Beschwerden treten oft lange vor den typischen Parkinson-Symptomen auf. Über 80 Prozent der Betroffenen berichten im Verlauf der Erkrankung über gastrointestinale Störungen wie Verstopfung, Blähungen oder Schmerzen – häufig Jahre, bevor motorische Symptome sichtbar werden. (Sancho-Alonso et al. 2024)

Daraus ergibt sich ein vielversprechender Ansatz: Die gezielte Unterstützung des Mikrobioms durch Ernährung, Probiotika oder Lebensstiländerungen könnte helfen, Neuroinflammation zu verringern und die Gehirngesundheit bei Parkinson positiv zu beeinflussen. (Kearns 2024)

FIBROMYALGIE

Fibromyalgie – zusammengesetzt aus den griechischen Wörtern „myos“ (Muskel) und „algos“ (Schmerz) – ist eine chronische und komplexe Erkrankung, zu deren Diagnose meist bis zu zehn Jahre vergehen, was einen zusätzlichen Leidensweg für die Betroffenen nach sich zieht.

Die zahlreichen Symptome der Fibromyalgie reichen von weit verbreiteten chronischen Schmerzen des Bewegungsapparates, Muskel- und Kopfschmerzen, erhöhter Berührungssensibilität, Fieber, Schlaflosigkeit bis hin zu Müdigkeit sowie Fatigue und schwerer Abgeschlagenheit. Die Betroffenen leiden zudem oft auch an Depressionen, Reizdarmsyndrom, Angststörungen, Herz-Kreislauf-Störungen oder Beeinträchtigungen ihres Gleichgewichtssinnes beziehungsweise ihrer kognitiven Fähigkeiten, mit Konzentrationsschwierigkeiten und Gedächtnisproblemen.

Rund 4 Prozent der Bevölkerung, vor allem Frauen, sind davon betroffen. Die Erkrankung, die schwerwiegende Auswirkungen auf die Lebensqualität mit sich bringt, tritt häufig im mittleren Erwachsenenalter auf, obwohl sie Menschen jeden Alters betreffen kann, also auch Jugendliche und ältere Menschen. Und: Chronische Schmerzen sind einer der Hauptgründe, warum Erwachsene medizinische Hilfe suchen. (Paredes et al. 2019, Taylor et al. 2021)

Die genauen Ursachen, die zur Entstehung der Erkrankung führen, sind noch nicht vollständig geklärt, aber Forscher vermuten, dass mehrere Faktoren zusammenwirken, darunter etwa eine Störung der Schmerzverarbeitung und der Sensibilisierung des zentralen Nervensystems. Veränderungen im Hormonhaushalt und von Botenstoffen wie dem Serotonin sowie oxidativer Stress und genetische Faktoren sind weitere Gründe, warum diese Krankheit ausbrechen kann. Dementsprechend komplex ist auch die Behandlung. (Wolfe & Rasker 2021, Garofalo et al. 2023)

Niedrige Serotoninwerte bei Betroffenen

Ein zentrales Merkmal bei Fibromyalgie ist die Dysregulation von Neurotransmittern, die sich auf die Verarbeitung von Schmerzsignalen im zentralen und peripheren Nervensystem auswirkt, darunter Serotonin, Noradrenalin und Dopamin. (Becker & Schweinhardt 2012) Einer der am besten untersuchten Neutransmitter in diesem Zusammenhang ist Serotonin. Denn vor allem die serotonergen Nervenzellen in den Raphe-Kernen scheinen eine wesentliche Rolle bei chronischen Schmerzzuständen und bei der Schmerzregulierung zu übernehmen.

Zahlreiche Studien haben bereits deutlich gemacht, dass niedrige Serotonin-Werte, insbesondere im Gehirn, an der Entstehung der Erkrankung beteiligt sind. Man geht davon aus, dass die Botenstoffe im Gehirn, allen voran das Serotonin, von an Fibromyalgie erkrankten Personen nicht wie bei gesunden Menschen funktionieren. So ergab eine Studie mit 35 gesunden Frauen und 130 Frauen mit Fibromyalgie, dass die Fibromyalgie-Patientinnen einen signifikant niedrigeren Serum-Serotonin-Spiegel im Vergleich zu den Gesunden aufwiesen. (Al-Nimer et al. 2018)

Zusammenhang zwischen Rezeptoren und Schmerzwahrnehmung

Eine entscheidende Rolle bei der Schmerzwahrnehmung kommt auch den Serotonin-Rezeptoren zu. Manche von ihnen stehen in einer engen Wechselwirkung mit den Schmerzbahnen des Rückenmarks und üben sowohl hemmende als auch aktivierende Effekte auf sie aus. Bislang sind vier Arten von Rezeptoren, konkret 5-HT1, 5-HT2, 5-HT3 und 5-HT7, und ihre Subtypen für ihren Einfluss auf die Schmerzwege bekannt. Werden, um ein Beispiel zu nennen, die 5-HT3-Rezeptoren im Rückenmark aktiviert, kann dies die Schmerzwahrnehmung verringern. (Paredes et al. 2019)

Einflussfaktor BDNF

Auch BDNF (Brain-Derived Neurotrophic Factor) spielt bei der Schmerzwahrnehmung und -verarbeitung eine wichtige Rolle. Sie erinnern sich: Dabei handelt es sich um einen Botenstoff im Gehirn, der unter anderem an der Plastizität des Nervensystems beteiligt ist – also daran, wie Nervenzellen auf Reize reagieren und sich verändern.

Studien zeigen, dass bei Fibromyalgie-Patienten die BDNF-Spiegel oft erhöht sind. Das könnte zu einer Überempfindlichkeit des Nervensystems beitragen, vornehmlich bei der Weiterleitung von Schmerzsignalen. Außerdem stehen BDNF und Serotonin in einer engen Wechselwirkung: BDNF kann die Serotonin-Systeme beeinflussen und umgekehrt. Eine erhöhte BDNF-Aktivität bei gleichzeitig erniedrigtem Serotonin könnte beispielsweise zu einer verstärkten Schmerzsensitivität und psychischen Beschwerden bei Fibromyalgie beitragen. (D'Agnelli et al. 2019, Behnoush et al. 2023)

Darm beeinflusst Schmerzempfinden

Wissenschaftler haben außerdem festgestellt, dass auch der Darm und sein Mikrobiom eine wesentliche Aufgabe bei der Wahrnehmung von Schmerzen erfüllen können. Mehrere Studien deuten darauf hin, dass Veränderungen in der Zusammensetzung und im Stoffwechsel der Darmbakterien mit Fibromyalgie in Verbindung stehen könnten. (Erdrich et al. 2020) Bereits 2019 konnte eine Studie erstmals nachweisen, dass das Darmmikrobiom bei Fibromyalgie-Patienten tatsächlich verändert ist. (Minerbi et al. 2019)

Ein möglicher Grund für diesen Zusammenhang: Im Darm befinden sich mehr Serotonin-Rezeptoren als im

Gehirn. Zudem kommuniziert der Darm über die Darm-Hirn-Achse mit dem zentralen Nervensystem – also mit Gehirn und Rückenmark. Diese Verbindung spielt wahrscheinlich ebenfalls eine Rolle bei der Schmerzverarbeitung – eine Annahme, die von aktuellen Forschungsarbeiten unterstützt wird. (Garofalo et al. 2023) Gleichzeitig beeinflusst das Mikrobiom die Verstoffwechslung von Tryptophan und steuert so das Gleichgewicht zwischen dem Serotonin- und dem Kynurenin-Weg. Wird Letzterer gesteigert, reduziert sich der Serotonin-Gehalt und es kommt zu einer vermehrten Schmerzempfindung. (Alfaro-Rodríguez et al. 2024)

Stress verändert Mikrobiom

Zudem zeigen neuere Studien, dass Stressreaktionen, insbesondere über die HPA-Achse, das Gleichgewicht und die Zusammensetzung der Darmmikrobiota verändern können. Dies hat potenziell weitreichende Folgen für die Gehirngesundheit, Autoimmunprozesse und die Bildung schädlicher Stoffwechselprodukte.

Außerdem wird angenommen, dass die bei Fibromyalgie beobachtete mitochondriale Dysfunktion – verbunden mit Muskelschmerzen und erhöhter Schmerzsensibilität – durch ein gestörtes Gleichgewicht der Darmflora ausgelöst werden könnte, was sich letztendlich wieder in einem verschobenen Verhältnis von Kynurenin und Serotonin widerspiegelt. Dies eröffnet neue Forschungsansätze für das Verständnis und etwaige neue Behandlungsansätze der Erkrankung. (D'Agnelli et al. 2019, Alfaro-Rodríguez et al. 2024)

Oxidativer Stress bei Fibromyalgie

Oxidativer Stress könnte ebenso eine wichtige Rolle bei der Entstehung von Fibromyalgie spielen. Untersuchungen zufolge treten bei Betroffenen vermehrt schädliche Substanzen auf – zum Beispiel Stickstoffmonoxid. Diese können Nervenzellen empfindlicher machen und so die Schmerzempfindung verstärken. Umgekehrt deuten viele Studien darauf hin, dass Antioxidantien – also Schutzstoffe, die freie Radikale abfangen – imstande sind, die Beschwerden bei Fibromyalgie zu lindern.

Störfaktor: Energieproduktion in den Mitochondrien

Bei Fibromyalgie scheint die Energieproduktion in den Mitochondrien gestört zu sein. Ein Grund dafür könnte ein Mangel an Coenzym Q10 sein, einem vitaminähnlichen Stoff, der in jeder Körperzelle vorkommt, eine zentrale Funktion bei der Energieproduktion in den Zellen, insbesondere in den Mitochondrien, übernimmt und gleichzeitig stark antioxidativ wirkt. (Assavarittirong et al. 2022)

In einer kleinen, schon älteren klinischen Studie konnte nachgewiesen werden, dass Coenzym Q10 bei Fibromyalgie-Patienten den Serotonin-Spiegel in den Blutplättchen (Thrombozyten) erhöht, was als Indikator für einen gesteigerten Serotonin-Spiegel im Gehirn gilt. (Alcocer-Gómez et al. 2014)

Eine neuere Studie, bei der Fibromyalgie-Patienten über ihre Ernährung höhere Mengen an Coenzym Q10,

Magnesium und Tryptophan erhielten, zeigte, dass bereits diese kleine Intervention das Krankheitsbild in einigen Punkten signifikant verbessern konnte. Als Ursache dieses positiven Effektes wird eine Verbesserung der Mitochondrien-Funktion angeführt. (Rosselló Aubach et al. 2025)

Östrogene und Serotonin: eine Wechselwirkung

Mehrere Studien haben bei Fibromyalgie einen Zusammenhang mit einem Östrogen-Mangel hergestellt, was auch erklären würde, warum chronische Schmerzen bei Frauen bedeutend häufiger auftreten. Untersuchungen ergaben, dass Frauen mit hohem Östrogen-Spiegel eine verminderte Schmerzempfindlichkeit zeigen.

Darüber hinaus ist seit Langem bekannt, dass vor allem Eierstockhormone einen wichtigen Effekt auf eine Vielzahl von Neurotransmittern, allen voran das Serotonin, aber auch das noradrenerge System, Glutamat, Gamma-Aminobuttersäure (GABA) und das Opioidsystem haben. Östrogene beeinflussen die Synthese und den Stoffwechsel von Serotonin, dessen Fehlregulation mit Schmerzstörungen in Verbindung gebracht wird (siehe Abbildung 23). (Paredes et al. 2019)

Studie: Östrogen erhöht Serotonin

In einer älteren Studie untersuchten Forschende, wie sich weibliche Hormone – vor allem Östrogen und Progesteron – auf die Bildung und Verarbeitung von Serotonin auswirken. Dazu behandelten sie Affen, bei denen Gebärmutter und Eierstöcke entfernt worden waren, mit den Hormonen und verglichen sie mit einer unbehandelten Kontrollgruppe. Das Ergebnis: In der behandelten Gruppe stieg die Aktivität der Tryptophan-Hydroxylase, dem wichtigen Enzym zur Serotonin-Herstellung, um das Neunfache an, was darauf hindeutet, dass durch die Hormongabe mehr Serotonin im Körper gebildet werden kann. (Pecins-Thompson et al. 1996)

Eine andere Untersuchung zeigte, dass bei kurzer, 28 Tage dauernder Behandlung mit Östrogen der Serotonin-Transporter reduziert wird. Dieser sorgt normalerweise dafür, dass Serotonin wieder aus dem Zwischenraum der Nervenzellen aufgenommen wird. Weniger Transporter bedeuten also: Mehr Serotonin bleibt aktiv wirksam. Bei längerer Behandlung von fünf Monaten stieg die Menge dieses Transporters jedoch wieder an – was darauf hindeutet, dass die Wirkung von Östrogen davon abhängt, wie lange beziehungsweise in welchem Rhythmus – zyklisch oder durchgehend – es verabreicht wird. (Martin & Behbehani 2006)

Ein weiteres Experiment demonstrierte, dass zwei Enzyme, die maßgeblich am Abbau von Serotonin beteiligt sind, Monoaminoxidase A (MAO-A) und Monoaminoxidase B (MAO-B), durch die Gabe von Östrogen weniger aktiv sind und damit weniger Serotonin abgebaut wird. (Bethea et al. 2002, Martin & Behbehani 2006)

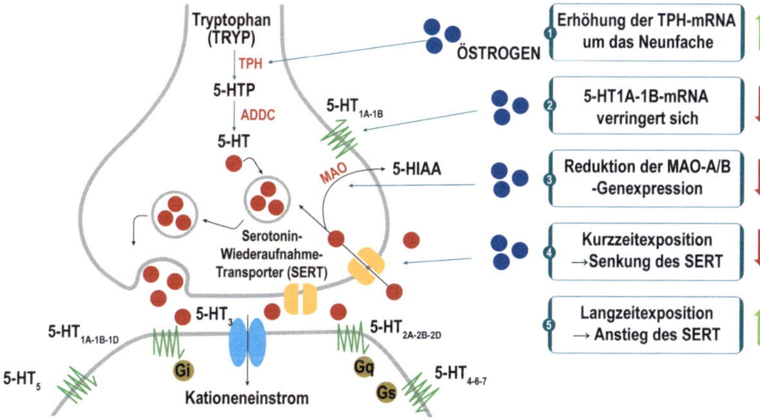

Abb. 23: Veränderung der Serotonin-Synthese durch Östrogene (modifiziert nach Paredes et al. 2019)

Positive Effekte durch Tryptophan

Was Untersuchungen zudem gezeigt haben: Bei Fibromyalgie-Patienten liegt eine Überaktivierung des Kynurenin-Wegs vor, welche die Umwandlung von Tryptophan in Serotonin verhindern kann. Ein therapeutischer Ansatz zielt daher auch darauf ab, das Serotonin-Defizit mithilfe von Tryptophan und 5-HTP auszugleichen. Ein Behandlungsmodell, mit dem sich viele Symptome erfolgreich verbessern lassen.

Angstzustände, Stimmungsschwankungen sowie Essstörungen sind häufige Begleitsymptome bei Frauen mit Fibromyalgie. Eine Studie untersuchte, ob eine mediterrane Diät und/oder die Gabe von Tryptophan und Magnesium diese Symptome verbessern können. Dazu führte eine Gruppe von Fibromyalgie-Patientinnen eine 16-wöchige mediterrane Diät durch, die Vergleichsgruppe bekam zusätzlich hohe Dosen von Tryptophan und Magnesium. Ergebnis: Insbesondere in der Gruppe mit mediterraner Ernährung plus Nahrungsergänzungsmitteln konnten mehrere positive Effekte auf die Stimmung beobachtet werden, weiters verringerten sich Müdigkeit, Angstzustände und Depressionen, und auch Essstörungen verminderten sich signifikant. (Martínez-Rodríguez et al. 2020)

Studie: Tryptophan lindert Fibromyalgiesymptome deutlich

Bereits 2001 untersuchte eine deutsche Forschungsgruppe die Wirkung von Tryptophan in Kombination mit Benserazid – einem Medikament, das die Umwandlung von Tryptophan außerhalb des Gehirns blockiert – bei 36 Patienten mit diagnostizierter Fibromyalgie. Alle erhielten zusätzlich die damalige Standardtherapie mit Schmerzmitteln und Physiotherapie. Nach vier Wochen zeigte die Tryptophan-Gruppe eine deutliche Besserung, unter anderem weniger morgendliche Steifheit und ein reduziertes Schmerzempfinden. (Martinovic 2001)

Zwei Jahre später wurde die Studie erneut durchgeführt – diesmal mit 24 Patienten, die keine Begleitmedikation erhielten. Sie bekamen ausschließlich entweder die Kombination aus Tryptophan und Benserazid oder ein Placebo. Bereits nach 14 Tagen zeigte sich in der Wirkstoffgruppe eine spürbare Verbesserung der Beweglichkeit und eine signifikante Schmerzlinderung – sowohl im Vergleich zu den Ausgangswerten als auch zur Placebo-Gruppe. Am

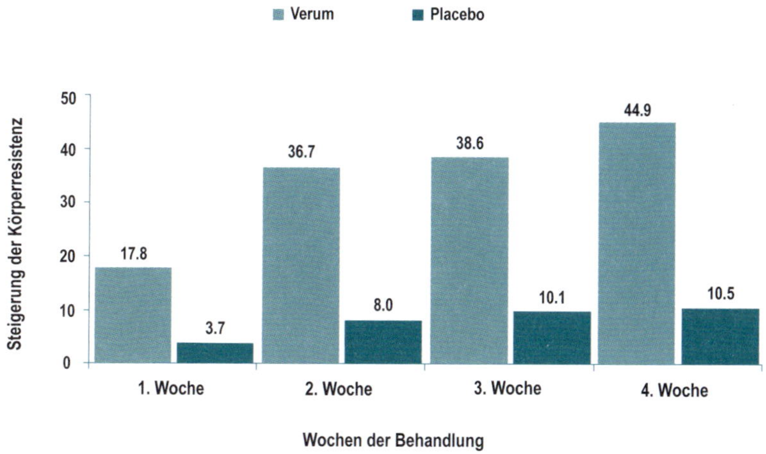

Abb. 24: Wirkung von Tryptophan und Benserazid auf die Symptome bei Fibromyalgie

Ende beider Studien lag die durchschnittliche Symptomverbesserung bei über 40 Prozent – ein Effekt, der mit klassischen Medikamenten bei Fibromyalgie nur selten erreicht wird (siehe Abbildung 24). (Nebel & Fricke 2003)

SCHLAFSTÖRUNGEN

Ein erholsamer Schlaf ist ein überaus wichtiger Faktor für die menschliche Gesundheit. Oder wie fühlen Sie sich, wenn Sie gleich mehrere Nächte hintereinander mit Einschlafschwierigkeiten zu kämpfen haben oder nachts immer wieder aufwachen und kein Schäfchenzählen den ersehnten Schlaf bringt? Meist fällt das Aufwachen am Morgen besonders schwer, ebenso wie die Konzentration tagsüber, die über den Tag verteilten Heißhungerattacken sind keine Seltenheit und um die Stimmung ist es meist auch nicht zum Besten bestellt.

Schlafentzug über einen längeren Zeitraum kann sehr ernste Konsequenzen haben, denn das Risiko, etwa Diabetes, Fettsucht und Herz-Kreislauf-Erkrankungen zu entwickeln, steigt enorm. Schlafstörungen sind darüber hinaus mit kognitiven Defiziten verbunden.

Serotonin, der Schlafarchitekt

Serotonin ist nicht nur als „Glückshormon" bekannt, sondern spielt auch eine zentrale Rolle für unseren Schlaf-Wach-Rhythmus. Im Gehirn fungiert es gewissermaßen als Schalter zwischen Wachheit, Entspannung und Schlaf – unter anderem, weil es als Vorstufe von Melatonin dient, dem wichtigsten Hormon für einen gesunden Schlaf in der Nacht.

Darüber hinaus beeinflusst Serotonin maßgeblich die Schlafarchitektur: Es fördert die Entspannung vor dem Einschlafen, indem es bestimmte Rezeptoren wie den 5-HT1A-Rezeptor aktiviert. Diese wirken beruhigend, reduzieren Stress und unterstützen die innere Ruhe, die für das Einschlafen notwendig ist. Serotonin erleichtert zudem das Einschlafen, unterstützt den Übergang vom Leicht- in den Tiefschlaf, stabilisiert den Non-REM-Schlaf und trägt insgesamt zur Verbesserung von Schlafdauer und -qualität bei. (Monti 2011, Carhart-Harris & Nutt 2017, Savonije & Weaver 2023)

Serotonin-Mangel wird hingegen mit einer ganzen Reihe an Schlafproblemen in Verbindung gebracht, beispielsweise Einschlafstörungen, leichtem, unterbrochenem Schlaf und frühzeitigem Erwachen, die allesamt zu verstärkter Tagesmüdigkeit und Stimmungsschwankungen führen können.

Der Mangel an Serotonin setzt außerdem einen Schneeballeffekt in Gang, da Serotonin am Abend in das Schlafhormon Melatonin umgewandelt wird – ein wichtiges Duo, das gemeinsam für einen gesunden Schlaf-Wach-Rhythmus sorgt. Produziert der Körper allerdings zu wenig Serotonin, gerät dieses bedeutsame Gleichgewicht aus dem Lot. Ein Serotonin-Defizit führt somit auch immer zu einem Melatonin-Defizit.

Studie: Schon niedrig dosiertes Tryptophan unterstützt Schlaf

Studien haben gezeigt: Tryptophan kann überaus effektiv den Schlaf verbessern, besonders bei Menschen mit chronischer Schlaflosigkeit. Es hilft dabei, schneller einzuschlafen, reduziert das nächtliche Aufwachen und verlängert die Gesamtschlafdauer. Und: Es steigert die Schlafqualität insgesamt, ohne die geistige Leistungsfähigkeit am nächsten Tag zu beeinträchtigen. Dabei erzielt bereits eine niedrige Dosis von ein bis fünf Gramm pro Tag die eben erwähnten Effekte. (Davidson et al. 2022) Dieser Effekt kann jedoch nur erzielt werden, wenn das Gehirn beziehungsweise die Zirbeldrüse noch in der Lage ist, aus Serotonin Melatonin zu bilden. Ist diese Kapazität verloren gegangen, nützt eine Ergänzung mit Tryptophan am Abend recht wenig. (Fauteck 2024)

Tryptophan und genetisch bedingte Schlafprobleme

Manche Menschen haben dauerhaft Schlafprobleme – obwohl sie gesund sind und keine offensichtlichen Störfaktoren wie spätes Essen, Sorgen oder Stress ihren Schlaf beeinträchtigen. In solchen Fällen spricht man oft von „schlechten Schläfern". Studien zufolge liegt bei vielen dieser Personen eine bestimmte Genvariante des Serotonin-Transporters vor: das sogenannte S-Allel. Es steht in Zusammenhang mit einer eingeschränkten Serotonin-Verarbeitung im Gehirn und einem erhöhten Risiko für schlechten Schlaf und Schlafstörungen.

Eine Studie untersuchte, ob die tägliche Einnahme von Tryptophan den Schlaf bei Trägern des S-Allels verbessern kann. Von den 98 Teilnehmenden galten 47 aufgrund ihrer Genvariante als „schlechte Schläfer", während 51 keine genetische Veranlagung für Schlafprobleme zeigten. Alle erhielten zunächst eine Woche lang ein Placebo, anschließend eine Woche lang täglich 1000 Milligramm Tryptophan.

Das Ergebnis: Die Schlafqualität verbesserte sich in beiden Gruppen während der Tryptophan-Woche –

unabhängig vom genetischen Profil. Besonders auffällig war jedoch, dass die genetisch schlechten Schläfer während der Placebo-Phase signifikant schlechter schliefen als die Kontrollpersonen. Die Schlussfolgerung der Studienautoren: Menschen mit einer genetischen Veranlagung zu schlechtem Schlaf könnten gezielt von der abendlichen Einnahme von Tryptophan profitieren. Denn so wird das Hindernis der genetisch bedingten Fehlfunktion des Serotonin-Transporters überwunden, damit auch ausreichend Serotonin ins Gehirn gelangt, um unter anderem wieder genügend Melatonin in der Nacht zu produzieren. (van Dalfsen & Markus 2019)

Serotonin und die Atmung

Serotonin beeinflusst nicht nur Stimmung und Schlafqualität, sondern spielt auch eine entscheidende Rolle für die nächtliche Atmung. Diese ist lebenswichtig, da sie den Körper auch im Ruhezustand zuverlässig mit Sauerstoff versorgt und überschüssiges Kohlendioxid (CO_2) abtransportiert. Eine stabile Sauerstoffzufuhr hat essenzielle Bedeutung für die zahlreichen Regenerations- und Reparaturprozesse, die im Schlaf ablaufen.

Verschiedene Serotonin-Rezeptoren – darunter 5-HT1A, 5-HT2A, 5-HT4 und 5-HT7 – steuern dabei die Atemaktivität. Je nach Rezeptortyp und dessen Position im Nervensystem können sie die Atmung entweder fördern oder dämpfen. Bereits ein leichter Serotonin-Mangel kann allerdings dazu führen, dass der Körper weniger sensibel auf steigende CO_2-Werte reagiert – ein wichtiger Mechanismus zur Atemregulation im Schlaf. Wird die

Atmung dadurch unregelmäßig oder kommt es zu Sauerstoffmangel, belastet dies das Herz-Kreislauf-System und kann langfristig das Risiko für Bluthochdruck, Herzinfarkt oder Schlaganfall erhöhen. (Witkowska et al. 2024, Aung et al. 2024)

Darüber hinaus unterstützt Serotonin die Offenhaltung der oberen Atemwege, indem es bestimmte Halsmuskeln und Nerven aktiviert – eine weitere Voraussetzung für eine ungestörte Atmung im Schlaf. Ferner zeigen genetische Unterschiede am Serotonin-Transporter, dass Menschen, die eine solche Veränderung haben, nicht nur über weniger Serotonin im Gehirn verfügen, sondern dadurch auch ein erhöhtes Risiko für atembezogene Schlafstörungen aufweisen. (Witkowska et al. 2024)

Obstruktive Schlafapnoe

Eine dieser atembezogenen Schlafstörungen ist die Obstruktive Schlafapnoe (OSA), die überaus häufig auftritt: Weltweit leiden etwa 936 Millionen Erwachsene an jener Atemstörung (Aung et al. 2024), bei der es während des Schlafs wiederholt zu Atemaussetzern (Apnoe) kommt, die bis zu zehn Sekunden dauern können. Diese entstehen durch eine Erschlaffung der Muskulatur in den oberen Atemwegen. Obwohl die Betroffenen weiter versuchen zu atmen, fließt vorübergehend keine Luft mehr in die Lunge. Das Gehirn sendet durch die unterbrochene Luftzufuhr das Signal zum Aufwachen (Arousal), man erwacht, atmet tief ein und schläft umgehend wieder ein. Dies kann mehrere Hundert Male pro Nacht passieren, ohne dass es den Betroffenen überhaupt bewusst wird.

Typische Symptome einer Obstruktiven Schlafapnoe sind lautes, unregelmäßiges Schnarchen, Müdigkeit und Erschöpfung am Tag trotz vermeintlich ausreichendem Schlaf, Kopfschmerzen am Morgen, Konzentrationsstörungen, Reizbarkeit sowie depressive Verstimmungen.

Die Obstruktive Schlafapnoe beeinträchtigt nicht nur die Lebensqualität, auch ernste Erkrankungen stehen damit in engem Zusammenhang, wie etwa Herzrhythmusstörungen sowie Bluthochdruck, und auch das Risiko für andere Herz-Kreislauf-Erkrankungen wie Herzinfarkt oder Schlaganfall ist bei OSA-Patienten bedeutend erhöht. (Fauteck 2024)

Obstruktive Schlafapnoe und Serotonin

Die typischen Atemaussetzer bei der Obstruktiven Schlafapnoe (OSA) führen dazu, dass der Sauerstoffgehalt im Körper schwankt, was direkte Auswirkungen auf das Serotonin-System hat. Die Folgen: Der Serotonin-Spiegel im Blut schwankt, die Verarbeitung sowie Aufnahme von Serotonin verändert sich und bestimmte Serotonin-Rezeptoren, beispielsweise der 5-HT1A-Rezeptor, der wichtig für das Abspeichern von Informationen ins Langzeitgedächtnis, also das Lernen, ist, funktionieren nicht mehr richtig.

Auch die erschlaffte Muskulatur bestimmter Regionen geht auf das Konto von Serotonin-Mangel – salopp formuliert. Denn Serotonin aktiviert unter anderem die Muskulatur im Rachenraum, insbesondere den Zungenmuskel, und trägt so dazu bei, die Atemwege offen zu halten und Atemaussetzer zu reduzieren. (Witkowska et al. 2024)

Viele Menschen mit OSA haben außerdem eine angeborene Veranlagung für das Krankheitsbild. Wie bereits erwähnt, ist eine genetische Variation des Serotonin-Transporters beispielsweise für schlechtes Schlafverhalten verantwortlich.

Dieser Umstand ist auch bei der Obstruktiven Schlafapnoe relevant: So wurden verschiedene Genvarianten des Serotonin-Transporters, VNTR („Variable Number Tandem Repeats" = variable Anzahl an Tandemwiederholungen) und 5-HTTLPR („Serotonin-Transporter-Linked Polymorphic Region" = Serotonin-Transporter-Linked-Promoter-Region), häufiger bei Menschen mit OSA gefunden als bei Personen ohne OSA. Auch diese Genvarianten beeinflussen, wie viel Serotonin im Gehirn zirkuliert, wie stark die Atemregulation im Schlaf funktioniert und wie anfällig jemand für Schlafstörungen ist. (Maierean et al. 2021)

Risikofaktoren für OSA

Adipositas, das heißt starkes Übergewicht, gehört zu den wichtigsten Risikofaktoren für schlafbezogene Atemstörungen wie die Obstruktive Schlafapnoe. Etwa 40 Prozent der Männer mit einem Body-Mass-Index (BMI) über 30 – und sogar 90 Prozent mit einem BMI über 40 – sind von OSA betroffen. Der Grund: Fettgewebe, besonders im Hals- und Rachenbereich, kann die Atemwege einengen und so zu Atemaussetzern im Schlaf führen.

Die Verbindung zwischen Übergewicht und Schlafapnoe ist aber nicht nur eine körperliche: Auch das Serotonin-System spielt dabei eine Rolle. Denn Serotonin ist wichtig für die Appetitkontrolle und die Regulation des Körpergewichts, wie Sie später noch hören werden. Sollte dieses System gestört sein, kann das zu Heißhunger beziehungsweise zu Heißhungerattacken und damit Gewichtszunahme führen – was wiederum das Risiko für OSA erhöht. (Witkowska et al. 2024)

Auch psychische Erkrankungen wie Depressionen, Angststörungen oder Konzentrationsprobleme treten bei Menschen mit OSA häufiger auf. Umgekehrt kann eine psychische Erkrankung das Risiko erhöhen, an OSA zu erkranken. Serotonin ist auch hier ein wichtiger Faktor, da es nicht nur die Stimmung beeinflusst, sondern auch Atmung und Schlaf steuert. Eine Störung im Serotonin-Haushalt könnte also erklären, warum Schlafprobleme, Übergewicht und psychische Beschwerden oft gemeinsam auftreten. (Witkowska et al. 2024)

Schlafstörungen bei neuropsychiatrischen Störungen

Zahlreiche Studien machen deutlich, dass ein gestörter Serotonin-Haushalt mit der Entstehung von Schlafstörungen bei neuropsychiatrischen Erkrankungen in engem Zusammenhang steht. Dies zeigen beispielsweise Untersuchungen bei Parkinson-Patienten: Bei Betroffenen mit Schlafproblemen ist die Dichte serotonerger Transporter im Hippocampus, Hypothalamus und in den Raphe-Kernen des Mittelhirns deutlich geringer als bei Parkinson-Patienten ohne Schlafstörungen und gesunden Kontrollpersonen.

Daraus schließen die Forschenden, dass eine gezielte Wiederherstellung des Serotonin-Systems durch die entsprechende Gabe der Vorläuferstoffe Tryptophan und 5-HTP bereits tagsüber einen vielversprechenden Ansatz zur Behandlung schlafbezogener Beschwerden bei Parkinson darstellen könnte. (Wilson et al. 2018)

Schlafstörungen bei Alzheimer

Schlaf spielt eine zentrale Rolle für Gedächtnisbildung und Lernprozesse. Es überrascht daher kaum, dass immer mehr Studien belegen, dass chronische Schlafstörungen zur Entstehung und zum Fortschreiten von Alzheimer beitragen können. (Savonije & Weaver 2023) Schon länger ist bekannt: Menschen, die dauerhaft sechs Stunden oder weniger pro Nacht schlafen, haben im späteren Leben ein deutlich erhöhtes Risiko, eine Alzheimer-Demenz zu entwickeln. (Ezzati & Pak 2023)

Typische Schlafprobleme bei Alzheimer-Patienten sind Ein- und Durchschlafstörungen sowie ein frühes morgendliches Erwachen. Diese führen zu starker Tagesmüdigkeit und häufigem Einschlafen am Tag – was den Tag-Nacht-Rhythmus zusätzlich stört.

Ein weiterer entscheidender Faktor: Während des Schlafs wird das Gehirn von schädlichen Stoffwechselprodukten gereinigt – darunter auch die für Alzheimer typischen Beta-Amyloid-Plaques. Schlafstörungen können diesen Reinigungsprozess empfindlich stören. Gleichzeitig führt anhaltender Schlafmangel zu einer verstärkten Ausschüttung entzündungsfördernder Botenstoffe wie Interleukin-6 (IL-6). Sie fördern entzündliche Prozesse im Gehirn, die sogenannte Neuroinflammation, und beschleunigen damit den Verlauf der Erkrankung. (Savonije & Weaver 2023)

Studie: Tryptophan gegen Schlafprobleme und Depressionen im Alter

Viele ältere Menschen leiden gleichzeitig unter Schlafstörungen und depressiver Stimmung – eine belastende Kombination, die ihre Lebensqualität deutlich einschränkt. Frühere Studien legen nahe, dass bei Betroffenen häufig eine unzureichende Zufuhr von Tryptophan über die Ernährung vorliegt.

Vor diesem Hintergrund untersuchte eine Studie, ob eine tryptophanreiche Ernährung Schlafqualität und Stimmung verbessern kann. Insgesamt nahmen 80 Personen teil, darunter 40 ältere Erwachsene mit diagnostizierten Schlafproblemen und depressiven Symptomen. Diese Gruppe erhielt über einen Zeitraum von zwölf Wochen eine gezielt tryptophanreiche Kost.

Das Ergebnis war deutlich: Sowohl die Schlafqualität als auch die depressive Symptomatik verbesserten sich signifikant – die Beschwerden gingen um mehr als 50 Prozent zurück. (Chojnacki et al. 2023)

In einer anderen Studie konnte gezeigt werden, dass eine tägliche Ergänzung mit 5-HTP bei älteren Menschen die Schlafqualität insbesondere bei jenen Personen verbesserte, die an Schlafstörungen litten. Alle Teilnehmer berichteten über positive Effekte hinsichtlich ihrer Stimmungslage. Darüber hinaus wurde ihre Darmflora verbessert, was sich ebenfalls positiv auch auf den Stoffwechsel hin zum Serotonin auswirkte. (Sutanto et al. 2024)

Wie Darmbakterien den Schlaf beeinflussen

Dass ein Ungleichgewicht in der Zusammensetzung der Darmmikrobiota zur Entstehung verschiedener Krankheiten beitragen kann, wurde in den vorangegangenen Kapiteln bereits erläutert. Doch betrifft das auch den Schlaf? Die Antwort lautet: Ja.

Denn eine gesunde Darmflora produziert mehrere Substanzen, die direkt oder indirekt die Schlafqualität beeinflussen. Dazu gehören kurzkettige Fettsäuren (SCFAs), Tryptophan, Serotonin, Melatonin sowie der beruhigende Neurotransmitter GABA – allesamt wichtige Faktoren für einen erholsamen Schlaf. Vor allem bestimmte Bakterienstämme wie Lactobacillus und Bifidobacterium sind für die Bildung dieser schlaffördernden Botenstoffe bekannt (siehe Abbildung 25). (Sejbuk et al. 2024)

Schlafhormon Melatonin

Wie Sie bereits wissen: Melatonin, das Schlafhormon, entsteht aus Serotonin, das wiederum aus 5-HTP hervorgeht, welches wiederum zu einem Großteil in den enterochromaffinen Zellen des Darms aus Tryptophan produziert wird. Die Aktivität dieser Zellen kann durch die Darmflora gezielt beeinflusst werden. Ein gesunder Darm unterstützt also indirekt die Melatonin-Produktion im Gehirn und trägt so zur Schlafregulation bei.

Schlafstörungen gehen häufig mit einem gestörten Mikrobiom einher. Gleichzeitig wirkt sich ein dauerhaft

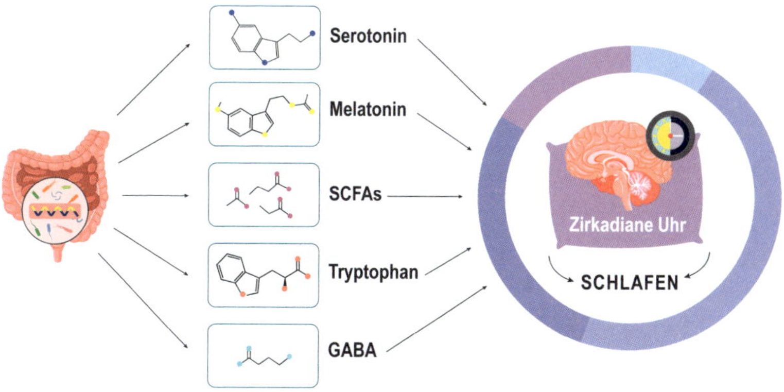

Abb. 25: Vom Darmmikrobiom produzierte Stoffe
(modifiziert nach Sejbuk et al. 2024)

gestörter Tag-Nacht-Rhythmus – etwa durch nächtliche Bildschirmnutzung, Schichtarbeit, Jetlag, unausgewogene Ernährung oder chronischen Stress – negativ auf die Darmflora aus. Umgekehrt kann das Mikrobiom aber auch die circadiane Rhythmik beeinflussen, wie Tierversuche belegt haben. (Sejbuk et al. 2024)

GABA: der beruhigende Neurotransmitter

GABA wirkt vor allem zu Beginn der Nacht schlaffördernd, da es erregende Signale im Nervensystem hemmt. Ein Mangel an GABA wird daher fast immer mit Einschlaf-, weniger mit Durchschlafproblemen in Verbindung gebracht. Bestimmte Darmbakterien unterstützen die GABA-Produktion – ein weiteres Beispiel dafür, wie das Mikrobiom unser Schlafverhalten beeinflussen kann.

SCFAs: kleine Moleküle mit großer Wirkung

Die kurzkettigen Fettsäuren (SCFAs) sind wichtig für die Darmgesundheit, regen die Serotonin-Freisetzung an und beeinflussen außerdem GABA. Besonders Butyrat, eine der von der Mikrobiota produzierten SCFAs zur Förderung der Schlafqualität, ist hier von Interesse: So führte in Tierversuchen die Einnahme von Tributyrin – ein Medikament, das die Produktion von Butyrat unterstützt – zu einer 50-prozentigen Verbesserung des Tiefschlafs. (Szentirmai et al. 2019)

Erhielten hingegen Patienten mit gestörter Darmflora und Schlafstörungen über zwölf Wochen hinweg Butyrat, so verbesserte sich nicht nur die Zusammensetzung ihrer Darmflora, sondern auch ihr Schlaf. Zudem reduzierten sich etwaige Entzündungen und der circadiane Rhythmus stabilisierte sich. (Firoozi et al. 2024) Butyrat ist übrigens vor allem in Milchprodukten wie Milch, Butter und Käse enthalten.

5-HTP: Besser schlafen und das Darmmikrobiom stärken

In einer Studie untersuchten Forschende, ob die Einnahme der Serotonin-Vorstufe 5-HTP den Schlaf älterer Menschen verbessern und dabei auch die Darmflora positiv beeinflussen kann.

30 Erwachsene im Durchschnittsalter von 66 Jahren nahmen teil. Die eine Hälfte erhielt über zwölf Wochen täglich hundert Milligramm 5-HTP, die andere nicht. Erfasst wurden die Schlafqualität per Fragebogen und

Schlaftracker, der Serotonin-Wert im Blut, der Melatonin-Wert im Urin sowie die Zusammensetzung der Darmbakterien.

Das Ergebnis: Besonders Menschen mit zuvor schlechtem Schlaf profitierten deutlich von 5-HTP. Nach drei Monaten schliefen sie besser, ihr Serotonin-Spiegel war signifikant gestiegen und ihre Darmflora vielfältiger – mit mehr nützlichen Bakterien, die schlaffördernde Fettsäuren produzieren. (Sutanto et al. 2024)

Tryptophanreiche Ernährung unterstützt Schlafqualität

Gesunder Schlaf und ausgewogene Ernährung gehören untrennbar zusammen. Beides ist entscheidend für unser Wohlbefinden. Wer schlecht schläft, isst meist ungesünder. Und umgekehrt: Was wir essen, beeinflusst, wie gut wir schlafen.

Vermutlich kennen Sie das Szenario aus eigener Erfahrung: Ein schweres Abendessen – etwa ein großes Nudelgericht oder ein mehrgängiges Menü – kann das Einschlafen erschweren. Statt ruhig zu schlafen, wälzt man sich im Bett hin und her. Und nach einer kurzen, unruhigen Nacht? Da greifen viele wohl eher zur Schokolade als zum Apfel – kein Zufall, sondern ein bekanntes Muster, das auch wissenschaftlich belegt ist.

Studien zeigen: Schlechter oder zu kurzer Schlaf steigert das Verlangen auf kalorienreiche, ungesunde Lebensmittel.

Umgekehrt kann eine ausgewogene Ernährung den Schlaf positiv beeinflussen.

Ein zentraler Faktor dabei: Tryptophan. Studien deuten darauf hin, dass Lebensmittel, die reich an Tryptophan oder 5-HTP sind, die Schlafqualität verbessern können. Besonders empfehlenswert ist eine vollwertige, pflanzenbetonte Ernährung mit viel Obst, Gemüse, Hülsenfrüchten, Nüssen und Vollkornprodukten – alles gute Quellen für Tryptophan und andere schlaffördernde Nährstoffe. (Zuraikat et al. 2021)

Tryptophan am Morgen – besser schlafen am Abend

Eine interessante Studie aus Japan (Fukushige et al. 2014) ging der Frage nach, wie sich ein tryptophanreiches Frühstück in Kombination mit Tageslicht auf die Melatonin-Produktion und die Schlafqualität auswirkt.

33 junge Männer nahmen an der fünftägigen Untersuchung teil. Sie wurden in Gruppen eingeteilt und erhielten entweder ein tryptophanreiches oder -armes Frühstück – jeweils bei heller oder schwacher Tageslichtbeleuchtung.

Das Ergebnis: Die Teilnehmer mit wenig Tryptophan und wenig Licht wiesen am Ende der Studie geringere Melatonin-Werte auf als zu Beginn. Dagegen hatte die Gruppe, die viel Tryptophan zu sich nahm und tagsüber viel Licht bekam, am Abend deutlich höhere Melatonin-Spiegel – ein Zeichen für einen besser regulierten Schlaf-Wach-Rhythmus.

Die Empfehlung der Forschenden: Ein Frühstück mit tryptophanreichen Lebensmitteln wie Milch, Eiern oder

Nüssen – kombiniert mit hellem Tageslicht – kann die natürliche Ausschüttung von Melatonin fördern und so den Schlaf verbessern.

Das gute alte Glas Milch

Sie kennen sicher diese alte Volksweisheit, nach der ein Glas warme Milch, am besten mit Honig, vor dem Zubettgehen das Einschlafen besonders erleichtern soll. Aber ist tatsächlich etwas Wahres daran? Ja, ist es, Milchprodukte können tatsächlich helfen, den Schlaf zu verbessern, denn sie enthalten nicht nur Tryptophan, sondern auch wichtige Vitamine und Mineralstoffe wie Magnesium, Kalzium und Vitamin B12, die unser Körper für einen gesunden Schlaf braucht.

Studien zufolge schläft jemand, der regelmäßig Milchprodukte konsumiert, oft besser. Einige klinische Untersuchungen legen sogar nahe, dass Milch direkt positiv auf die Schlafqualität wirkt – sowohl beim Einschlafen als auch beim Durchschlafen. (St-Onge et al. 2023) Außerdem bewirkt die Wärme der Milch, dass unser Körper sich auf den Nachtmodus einstellt und seine Aktivitäten herunterfährt.

Studie: Schlaf verbessert Gesundheit

In einer anderen Studie wollten die Forschenden herausfinden, ob der Verzehr von Tryptophan zum Beispiel in Milch, Käse, Eiern und Nüssen das Risiko für Adipositas, das heißt Fettleibigkeit, und Typ-2-Diabetes senken kann und ob besserer Schlaf dabei eine Rolle spielt.

Dafür wurde die Ernährung von mehr als 7900 Menschen in China mehrere Jahre lang dokumentiert, ebenso ihre Tryptophan-Aufnahme, Schlafdauer und ihre Blutwerte.

Das Ergebnis: Menschen, die mehr Tryptophan über die Nahrung aufnahmen, wiesen ein niedrigeres Risiko für Übergewicht und Typ-2-Diabetes auf, schliefen besser und zeigten bessere Blutwerte. Die Forscher erklären sich diese deutlich positiven gesundheitlichen Effekte dadurch, dass mehr Tryptophan zu besserem Schlaf führt und dadurch das Risiko für viele Krankheiten reduziert wird. (Wang et al. 2022)

METABOLISMUS

Unser Essverhalten und der gesamte Stoffwechsel sind eng miteinander verbunden – und beide werden unter anderem von Serotonin mitgesteuert. Auch wenn Serotonin vor allem für seine Wirkung im Gehirn auf die Stimmung bekannt ist, beeinflusst es auch unser Hungergefühl und das Sättigungsempfinden. In der Peripherie wirkt es wiederum auf viele Stoffwechselprozesse ein, etwa den Zuckerstoffwechsel. Deshalb spielt es eine wichtige Rolle bei Essstörungen wie Bulimie oder Binge Eating – ebenso wie bei Stoffwechselerkrankungen wie Typ-2-Diabetes.

Wissenschaftliche Studien zeigen, dass Veränderungen im Serotonin-Haushalt sowohl mit gestörtem Essverhalten als auch mit einer veränderten Blutzuckerregulation zusammenhängen können. Speziell Menschen mit Essstörungen oder Diabetes weisen daher häufig veränderte Serotonin-Werte sowohl im Gehirn als auch in der Peripherie, also im Rest des Körpers, auf.

Schlüsselfaktor Serotonin

Die unterschiedlichen Serotoninspiegel während eines Tages spielen eine zentrale Rolle bei der Regulierung von Appetit, Energieverbrauch und Stoffwechsel: Im Gehirn hilft Serotonin dabei, den Appetit zu zügeln und die Fettverbrennung durch neuronale Prozesse anzuregen. Im Rest des Körpers beeinflusst Serotonin viele Organe: Im Darm steigert es die

Nährstoffaufnahme beziehungsweise unterstützt die Verdauung der Nahrung, unter anderem durch die Förderung der Darmbewegung.

In der Leber regt es je nach Nahrungszustand die Zuckerneubildung, also die Glukoneogenese an, solange wir nüchtern sind. Nach der Mahlzeit wird die Fettspeicherung angeregt. In der Bauchspeicheldrüse fördert es jetzt die Produktion und Freisetzung von Insulin. Im Fettgewebe unterstützt es dadurch die Energiespeicherung, indem es die Fettverbrennung beziehungsweise die Wärmebildung im braunen Fett hemmt und die Fettspeicherung im weißen Fett erhöht (siehe Abbildung 26). (Li et al. 2024)

Da bekanntlich der größte Teil des Serotonins im Darm entsteht, wird sein Einfluss auf den Stoffwechsel auch stark durch die Darmflora als Regulator der Serotonin-Synthese und die Darm-Hirn-Verbindung gesteuert. Schon lange ist bekannt, dass das aus dem Darm stammende Serotonin mit anderen Darmhormonen wie dem GLP-1 (Glucagon-like Peptide-1) interagiert. Dabei handelt es sich um ein Hormon, das vor allem nach dem Essen gebildet wird und eine wichtige Rolle bei der Regulierung des Blutzuckers sowie des Appetits einnimmt und für das Sättigungsgefühl sorgt. (Braun et al. 2007)

Sehr bekannt wurde diese Substanz in den letzten Jahren, da sie in einigen sogenannten Abnehmspritzen enthalten ist. GLP-1 ist nämlich einer der wichtigsten Faktoren, die die Fettverbrennung aktivieren und somit ein etwaiges Übergewicht reduzieren können.

Wie Sie anhand dieser Beispiele sehen können, ist Serotonin ein Schlüsselfaktor für wichtige metabolische Prozesse in unserem Körper.

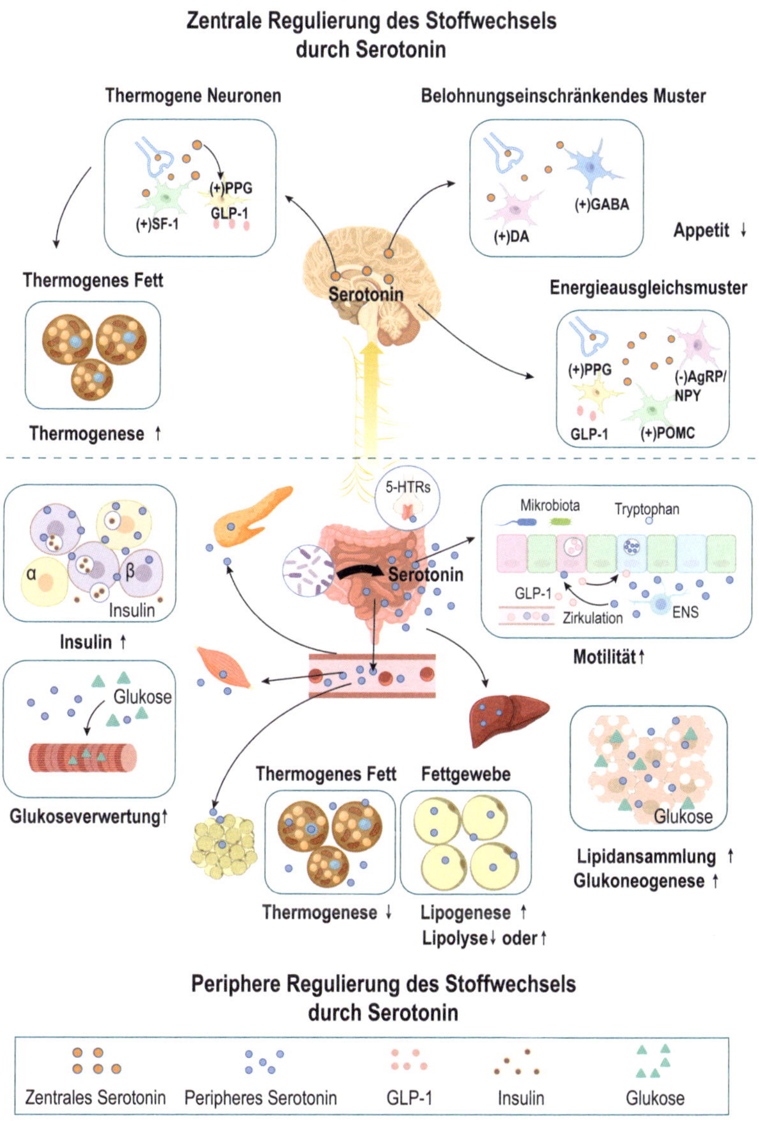

Abb. 26 Die metabolischen Funktionen von Serotonin
(modifiziert nach Li et al. 2024)

Essstörungen

Essstörungen und starkes Übergewicht nehmen weltweit immer mehr zu – und betreffen längst nicht nur einzelne Menschen, sondern große Teile der Bevölkerung. Die Gründe für den Anstieg sind vielfältig: Ein Übermaß an kalorienreichen, oftmals verarbeiteten Lebensmitteln, Bewegungsmangel, chronischer Stress, emotionale Belastungen und soziale Einflüsse spielen dabei eine Rolle. Aber auch biologische Faktoren wie der allgemeine Stoffwechsel, bestimmte Hormone und/oder Neurotransmitter – und hier insbesondere Serotonin – sind mitverantwortlich dafür, wie viel wir essen, wann wir satt sind und warum einige von uns am Ende manchmal die Kontrolle über ihr Gewicht verlieren.

Zu den häufigsten Essstörungen zählen Binge-Eating-Störungen und Bulimie: Beide sind Formen, die zu Übergewicht und letztendlich zur Adipositas – dabei handelt es sich um krankhafte Fettsucht – führen. Diese Entwicklungen sind bedenklich, denn sie erhöhen nicht nur das Risiko für körperliche Erkrankungen wie Diabetes oder Herz-Kreislauf-Probleme, sondern belasten auch die psychische Gesundheit und können Depressionen zur Folge haben.

Was ist eine Binge-Eating-Störung?

Die Binge-Eating-Störung (BES), zwanghaftes, unkontrolliertes Überessen, bezeichnet eine Essstörung, bei der Betroffene in kurzer Zeit ungewöhnlich große Mengen an Nahrung zu sich

nehmen. Dabei verlieren sie die Kontrolle über ihr Essverhalten und können nicht aufhören zu essen, obwohl sie längst satt sind. Im Unterschied zur Bulimie versuchen Menschen mit Binge-Eating-Störung die Essanfälle nicht durch Erbrechen, exzessiven Sport oder Fasten auszugleichen.

Serotonin und das Essverhalten

Mehrere Hormone steuern unser Hunger- und Sättigungsgefühl – dazu gehören zum Beispiel Leptin, Ghrelin, Insulin oder GLP-1. Wie viel von diesen Hormonen ausgeschüttet wird, hängt davon ab, was und wann wir essen. Liegen darüber hinaus im Körper Entzündungen vor, beeinflussen diese Prozesse ebenfalls die rhythmische Ausschüttung jener Hormone.

Sie wirken außerdem auf wichtige Botenstoffe im Gehirn wie das Serotonin – und damit auf unsere Stimmung und unser Essverhalten, zum Beispiel als eine Art von Belohnungsempfinden. (Cîmpeanu et al. 2025)

Serotonin hat mehrere Funktionen bei der Regulierung des Essverhaltens. Es hilft etwa dabei, den Appetit auf zwei Arten zu zügeln: Wenn wir durch Essen mehr Energie aufnehmen, als der Körper braucht, greift Serotonin ein. Es sendet in diesem Fall Signale aus dem Hirnstamm an übergeordnete Strukturen im Gehirn, die den Appetit bremsen. Serotonin kann jedoch auch den Wunsch nach „Genussessen", wie zum Beispiel nach Snacks oder Süßem, dämpfen, indem es die Belohnungszentren im Gehirn positiv beeinflusst und dadurch die Nahrungsaufnahme reduziert.

Beteiligte Serotonin-Rezeptoren

Entscheidend für die eben genannten Vorgänge sind bestimmte Serotonin-Rezeptoren wie etwa der 5-HT2C-Rezeptor: Wird er aktiviert, essen Versuchstiere weniger, auch wenn das für sie unwiderstehliche fettreiche Essen verfügbar ist. (Price et al. 2018) Untersuchungen haben außerdem ergeben: Funktioniert dieser Rezeptor nicht richtig, beispielsweise durch eine genetische Veränderung, essen Kinder oft übermäßig viel und nehmen stark zu, was zu schwerer Fettleibigkeit führen kann. (He et al. 2022) Eine solche Fettleibigkeit, erworben in jungen Jahren, ist im Erwachsenenalter nur schwer zu verlieren.

Insbesondere der 5-HT2A-Rezeptor spielt eine wichtige Rolle beim Abbau von Körperfett und der Verringerung des Körpergewichts. Diese Effekte treten unter anderem auf, wenn zusätzlich bestimmte Stoffe im Gehirn aktiviert werden – zum Beispiel GLP-1, das auch direkt bei der Regulation von Appetit eine Rolle spielt und das Hungergefühl zusätzlich senkt. Wie bereits erwähnt, wird die Produktion von GLP-1 auch von Serotonin gefördert. (Cai et al. 2022, Li et al. 2024)

Serotonin beeinflusst über diese unterschiedlichen Mechanismen aber nicht nur unser Hungergefühl beziehungsweise wie viel Energie wir zu uns nehmen, sondern hilft auch dabei, mehr Energie zu verbrauchen, indem es das braune Fettgewebe aktiviert – ein spezielles Körperfett, das Wärme produziert und dadurch Kalorien verbrennt. (Morrison et al. 2014) Gesteuert wird dieser Prozess übrigens über die Serotonin-Rezeptoren 5-HT1A und 5-HT7 im Rückenmark. (Madden & Morrison 2010)

Die hemmende Wirkung von Serotonin auf den Appetit hat auch bereits zur Zulassung von bestimmten rezeptpflichtigen Medikamenten, den Rezeptoragonisten zur Behandlung von Fettleibigkeit, geführt. (Yabut et al. 2019)

Verändertes Serotonin-System bei Essstörungen

Bei Menschen mit Fettleibigkeit kommt es im Körper oft zu leichten, dauerhaften Entzündungen. Diese aktivieren bestimmte Enzyme, die die Produktion von Serotonin verringern und stattdessen vermehrt Kynurenin herstellen.

Studien zeigen, dass übergewichtige Menschen häufig ein Ungleichgewicht zwischen Tryptophan, Kynurenin und Serotonin aufweisen, was bedeutet, dass weniger Serotonin zur Verfügung steht.

Ein niedriger Serotonin-Spiegel kann jedoch zu depressiven Verstimmungen und Ängsten führen. Viele Menschen reagieren darauf mit vermehrtem Essen – dem sogenannten Frustessen, um sich besser zu fühlen –, was kurzfristig zwar helfen kann, langfristig aber das Problem verschlimmert. So entsteht ein Teufelskreis: Entzündungen senken das Serotonin, das führt zu Stimmungstiefs, die wiederum zu übermäßigem Essen führen, was die Entzündungen anfeuert und das Übergewicht weiter verstärkt. (Cîmpeanu et al. 2025)

Serotonin bei Binge Eating

Etliche Studien belegen, dass auch bei Menschen mit Binge-Eating-Störung oder Bulimie das Serotonin-System im Gehirn aus dem Gleichgewicht geraten ist. L-Tryptophan, die wichtige Vorstufe von Serotonin, ist bei den Betroffenen deutlich verringert. Der Grund dafür könnte eine Störung der Tryptophan-Hydroxylase 2 sein – jenem Enzym, das Serotonin im Gehirn herstellt. (Feng et al. 2023)

Fasten erhöht in der Regel die Verfügbarkeit des Serotonin-Transporters (SERT). Wenn Sie schon einmal eine Fastenkur für einige Zeit durchgehalten haben, kennen Sie vielleicht diesen Effekt: Nach einer ersten Gewöhnungsphase – in aller Regel die ersten zwei bis drei Tage – fühlen Sie sich so gut wie selten. Auch wenn die Mechanismen noch nicht gänzlich bekannt sind, scheint eine längere Essenspause die Serotonin-Aktivität zu unterstützen.

Inwieweit auch das intermittierende Fasten – hier wechseln sich zum Beispiel Essenszeiten von 8 Stunden mit Fastenzeiten von 16 Stunden ab – ähnliche Effekte hat, ist noch Gegenstand von intensiver Forschung. Erste Untersuchungen zeigen, dass sowohl die Menge an Neurotransmittern im Gehirn – inklusive Serotonin – als auch deren Wirksamkeit beeinflusst werden. (Abdel-Rahman et al. 2024, Xie et al. 2025) Unabhängig vom Fastenmodell ließ sich in all diesen Studien eine Gewichtsreduzierung feststellen.

Bei übergewichtigen Personen, ebenso wie bei Menschen mit Binge-Eating-Störung, ist dieser Effekt allerdings verringert, was auf eine langfristige Störung der serotonergen Übertragung hinweist, die ein Faktor für ihr anhaltendes Überessen und ihre Gewichtszunahme sein könnte. (Guo & Xiong 2024, Cîmpeanu et al. 2025)

Erhöhte Serotonin-Spiegel bei Übergewicht

Studien haben allerdings auch das gegenteilige Szenario ergeben, dass nämlich bei Übergewicht und Fettleibigkeit die Serotonin-Werte im Körper oft erhöht sind, obwohl der Hypothalamus weniger Serotonin ausschüttet, als es bei als schlanken Vergleichsgruppen der Fall ist. (Kim et al. 2011, van Galen et al. 2021)

Eine weitere Erkenntnis: Bei übergewichtigen Menschen wird im Darm mehr Serotonin produziert und freigesetzt. Zudem haben Forscher entdeckt, dass bei Fettleibigkeit die Dichte der enterochromaffinen Zellen, aber auch die Expression der Tryptophan-Hydroxylase 1 erhöht ist. Dieser Anstieg hängt nicht nur eng mit einem höheren Körpergewicht, sondern auch mit einer schlechteren Blutzuckerkontrolle zusammen. Forscher vermuten deshalb, dass das im Darm gebildete Serotonin eine wichtige Rolle bei der Entstehung von Fettleibigkeit und Störungen im Zuckerstoffwechsel spielt. Die Mechanismen, die solche Veränderungen antreiben, sind jedoch noch unbekannt. (Young et al. 2018) Wichtig scheint zu sein, dass es zu einem Ungleichgewicht zwischen dem Serotonin im Gehirn, welches die Gewichtsreduzierung fördert, und der Peripherie, das eher die Gewichtszunahme unterstützt, kommt. Ist Serotonin im Gehirn reduziert und gleichzeitig in der Peripherie erhöht, treten massive metabolische Störungen einschließlich Gewichtszunahme auf.

Achtung vor Fett und Zucker

Wie eine bereits ältere klinische Studie darlegte, können fettreiche und zuckerhaltige Snacks den Serotonin-Spiegel im Gehirn senken. Ursache ist eine verringerte Aktivität des

Serotonin-Transporters (SERT) im Hypothalamus – einer Region, die den Appetit reguliert. Das kann langfristig zu Heißhunger führen und das Risiko für Übergewicht erhöhen. (Koopman et al. 2013)

Griffonia erhöht Sättigungsgefühl

Eine ebenfalls ältere klinische Studie untersuchte die Wirkung von Griffonia simplicifolia auf das Sättigungsgefühl. Dafür wurden die übergewichtigen Teilnehmerinnen in zwei Gruppen geteilt. Eine Gruppe erhielt vier Wochen lang ein Nahrungsergänzungsmittel aus Griffonia simplicifolia. Die zweite Gruppe erhielt ein Placebo, begleitet von einer kalorienarmen Diät.

Das Ergebnis: Der Serotonin-Spiegel im Gehirn der Griffonia-Gruppe stieg signifikant an, was dazu führte, dass sich das Sättigungsgefühl deutlich erhöhte – Effekte, die in der Placebo-Gruppe nicht beobachtet werden konnten. Zudem wurde ein signifikanter Unterschied zur Placebo-Gruppe hinsichtlich der Reduzierung des BMI festgestellt. (Rondanelli et al. 2012)

Der Einfluss der Gehirn-Darm-Achse

Darmbakterien haben einen großen Einfluss auf das Gleichgewicht im Nervensystem – also auf unsere Stimmung, das Schmerzempfinden, die Stressreaktionen – und eben auch auf unseren Appetit. Der wichtige Vermittler all dieser Vorgänge: Serotonin.

Das im Darm produzierte Serotonin beeinflusst auch die Ausschüttung von hungerregulierenden Hormonen wie GLP-1, das außerdem auf das Gehirn wirkt und dort den Appetit zügeln kann. (Ripken et al. 2016)

Selbst wenn die genauen Ursachen einer Binge-Eating-Störung und von Bulimie noch nicht vollständig verstanden sind, zeigen neue Erkenntnisse, dass eine gestörte Darmflora und Veränderungen in der Darm-Hirn-Achse oftmals damit verbunden sind. Zum einen kann ungesundes Essverhalten die Zusammensetzung der Darmflora stören. Zum anderen kann diese gestörte Darmflora dazu beitragen, dass Essanfälle häufiger auftreten. Ein zusätzlicher Faktor: Die Zusammensetzung der Darmflora wird besonders durch Ernährung und Stress beeinflusst – beide sind bekannte Auslöser für gestörte Serotonin-Ausschüttungen und somit auch für unkontrolliertes Essverhalten. (Guo & Xiong 2024)

Darmbakterien beeinflussen den Appetit

Bestimmte Stoffe, die von den Darmbakterien produziert werden, spielen ebenfalls eine wichtige Rolle bei der Regulierung des Appetits, darunter die kurzfettigen Fettsäuren, SCFAs, von denen Sie bereits gehört haben. Diese SCFAs wirken im Körper unterschiedlich: Einerseits können sie den Appetit steigern, indem sie bestimmte Signale im Darm aktivieren, die dann indirekt die Insulin-Ausschüttung hemmen. (Liu et al. 2020) Andererseits können sie aber auch den Appetit senken, indem sie direkt die Ausschüttung von Sättigungshormonen wie GLP-1, Insulin und Leptin fördern. (Bolognini et al. 2019)

Ballaststoffreiche Ernährung erhöht SCFAs

Aktuelle Studien haben ergeben: Eine ballaststoffreiche Ernährung kann die Synthese von kurzkettigen

Fettsäuren (SCFAs) wie Butyrat erhöhen, das nachweislich die Insulin-Sensitivität und die Serotonin-Kaskade verbessert. Auch Präbiotika und Probiotika, speziell wenn sie chronobiologisch aufeinander abgestimmt sind, könnten mögliche wirksame Therapien für ein effizientes Management von Adipositas sein. (Fauteck & Platzer 2016)

Dies impliziert, dass sich Ernährungsumstellungen, die auf die Verbesserung der Darmgesundheit abzielen, positiv auf die Serotonin-Spiegel auswirken können, was wiederum die Hungerkontrolle und das Gewichtsmanagement positiv beeinflussen kann. (Cîmpeanu et al. 2025)

Diabetes

Diabetes mellitus ist eine der häufigsten Stoffwechselerkrankungen und gilt heute als Volkskrankheit Nummer drei. Laut der International Diabetes Federation (IDF) waren 2024 weltweit 589 Millionen Menschen von der Krankheit betroffen – bis 2050 soll die Zahl auf 853 Millionen steigen. Allein im Jahr 2024 forderte Diabetes weltweit 3,4 Millionen Todesopfer. (IDF 2025)

Früher hauptsächlich im Alter verbreitet, erkranken zunehmend auch jüngere Menschen an Diabetes – vor allem aufgrund von ungesunder Ernährung, Bewegungsmangel und steigendem Übergewicht. Auch die genetische Veranlagung spielt eine Rolle: Ist Diabetes Typ 2 in der Familie vorhanden, liegt das Erkrankungsrisiko bei rund 50 Prozent.

Gemeinsam ist beiden Diabetes-Typen, Typ 1 und Typ 2, ein dauerhaft erhöhter Blutzuckerspiegel (Hyperglykämie) infolge eines Insulin-Mangels. Die Folgen können schwerwiegend sein und reichen von Bluthochdruck, Herz-Kreislauf-Erkrankungen, Infektionen, Schlaganfällen, Augenschäden bis hin zur Erblindung sowie Durchblutungsstörungen und chronischen Entzündungen.

Der Zuckerstoffwechsel und Insulin

In einem gesunden Körper sorgt Insulin dafür, dass Glukose – jener Zucker, den wir mit der Nahrung aufnehmen – aus dem Blut in die Körperzellen gelangt. Dort wird der Zucker als Energiequelle genutzt, zum Beispiel für die Gehirntätigkeit, die Muskeln oder andere Organe.

Der Blutkreislauf übernimmt bei diesem Prozess eine zentrale Rolle, denn er transportiert die Glukose und andere wichtige Nährstoffe zu den Zellen. Insulin wiederum wirkt dabei wie ein Schlüssel, der die Tür zur Zelle öffnet, damit der Zucker hineinkann.

Fehlt jedoch Insulin oder wird es nicht ausreichend produziert, gelangt die Glukose zwar ins Blut, kann aber nicht in die Zellen aufgenommen werden. Die Zuckermoleküle bleiben im Blutkreislauf, wodurch der Blutzuckerspiegel stark ansteigt. Der Körper versucht gegenzusteuern, setzt noch mehr Zucker frei, um das Fehlen in den Zellen auszugleichen – doch ohne Insulin bleibt dieser ungenutzt. Die Folge: Die Körperzellen erhalten nicht genug Energie, Organe werden unterversorgt und es können schwerwiegende Folgeerkrankungen entstehen – von Gefäßschäden über Entzündungen bis hin zu schweren Organschäden.

Die Rolle der Betazellen

Eine zentrale Aufgabe im Zuckerstoffwechsel erfüllen die Betazellen. Diese befinden sich in der Bauchspeicheldrüse, genauer gesagt im endokrinen Teil der Bauchspeicheldrüse, den sogenannten Langerhans'schen Inseln.

Betazellen produzieren und speichern Insulin. Ein konkretes Beispiel: Wenn der Blutzucker nach dem Essen ansteigt, geben die Betazellen Insulin ins Blut ab. Dieses Insulin hilft dann dabei, die Glukose aus dem Blut in die Körperzellen zu schleusen und der Blutzuckerspiegel sinkt wieder auf Normalwerte ab.

Auch bei beiden Diabetes-Typen spielen Betazellen eine wichtige Rolle: Bei Diabetes Typ 1 zerstört das Immunsystem fälschlicherweise die Betazellen, was dazu führt, dass der Körper dann fast kein Insulin mehr produzieren kann. Bei Diabetes Typ 2 sind die Betazellen zwar anfangs noch aktiv, allerdings arbeiten sie irgendwann nicht mehr ausreichend oder können den erhöhten Insulin-Bedarf nicht mehr decken.

Serotonin bei Diabetes

Schon längere Zeit ist bekannt, dass Serotonin den Stoffwechsel in der Bauchspeicheldrüse reguliert und damit maßgeblichen Einfluss auf die Funktion der Betazellen ausübt. Serotonin im Inneren der Betazellen spielt nämlich eine wichtige Rolle bei der Insulin-Freisetzung.

Wenn der Blutzucker steigt, regt intrazelluläres Serotonin in den eben erwähnten Betazellen der Bauchspeicheldrüse die Ausschüttung von Insulin an. Das geschieht über einen speziellen Vorgang namens Serotonylierung. Dabei verändert Serotonin bestimmte Proteine, die in diesem Fall an der Insulin-Freisetzung beteiligt sind.

Fehlt dieses Serotonin – wie in Versuchen mit gentechnisch veränderten Mäusen gezeigt wurde –, kann die Bauchspeicheldrüse nicht mehr ausreichend Insulin ausschütten. In der Folge entwickelten die Tiere Diabetes. Auch beim Menschen wird dieser Zusammenhang vermutet: Störungen in diesem Mechanismus, das heißt eine fehlerhafte Serotonylierung, stehen mit verschiedenen Stoffwechselerkrankungen in Verbindung – darunter eben Diabetes oder Übergewicht. (Paulmann et al. 2009)

Serotonin sorgt für einen ausgeglichenen Blutzuckerspiegel

Wie aktuelle Forschungsarbeiten belegen, fördert Serotonin aber nicht nur die Verfügbarkeit von Insulin in den Betazellen sowie dessen Zellschutz, sondern bremst außerdem die Ausschüttung von Glukagon aus den Alphazellen, die sich ebenfalls in den Langerhans'schen Inseln der Bauchspeicheldrüse befinden. (Li et al. 2024)

Glukagon ist ein Hormon, das – genau wie Insulin – den Blutzuckerspiegel reguliert, allerdings mit entgegengesetzter Wirkung: Denn während Insulin den Blutzuckerspiegel senkt, indem es den Zucker in die Zelle transportiert, hebt Glukagon den Blutzuckerspiegel an, indem es gespeicherten Zucker aus der Leber freisetzt.

Serotonin-Rezeptoren und ihre Rolle im Zuckerstoffwechsel

Alle diese soeben beschriebenen Prozesse werden vor allem durch die Aktivierung spezieller Serotonin-Rezeptoren unterstützt. Besonders die Klasse der 5-HT2-Rezeptoren spielt eine wichtige Rolle beim Glukosestoffwechsel – also dabei, wie Zucker im Körper verarbeitet wird. (Gilles et al. 2005)

Einige Medikamente, zum Beispiel manche Antidepressiva, blockieren bestimmte Rezeptoren dieser Klasse. Das kann insbesondere die Insulin-Empfindlichkeit verschlechtern, was bedeutet, dass die Körperzellen schlechter auf Insulin reagieren. Dadurch steigt das Risiko für Blutzuckerprobleme bis hin zu Diabetes, vor allem bei Menschen mit Übergewicht oder anderen Risikofaktoren. (Cai et al. 2022)

Laborversuche haben hingegen gezeigt, dass Serotonin über andere 5-HT-Rezeptoren wie 5-HT2B auch die Insulin-Produktion anregen kann. (Bennet et al. 2016)

Darm-Hirn-Achse und Diabetes

Serotonin beeinflusst die Bauchspeicheldrüse übrigens nicht nur auf direktem Weg, sondern auch über die Darm-Hirn-Achse – also über ein komplexes Geflecht zwischen Darm, Gehirn und Bauchspeicheldrüse.

Forschungen zufolge verbessert Serotonin die Kommunikation zwischen den insulinproduzierenden Zellen der Bauchspeicheldrüse, also den Betazellen, und bestimmten Nervenzellen im Gehirn. Diese Verbindung läuft über den Vagusnerv und spezielle Serotonin-Rezeptoren, beispielsweise 5-HT3. Wird dieser Weg blockiert oder fehlt hier Serotonin, sinkt die Insulin-Freisetzung. (Makhmutova et al. 2021)

Eine weitere interessante Entdeckung: Neben Insulin geben die Betazellen auch Serotonin ab. Wie genau dieses Serotonin entsteht, ist noch nicht ganz geklärt. Manche Forschende glauben, dass die Betazellen Serotonin aus dem Blut aufnehmen, speichern und bei Bedarf wieder abgeben. Andere Studien zeigen, dass die Zellen Serotonin komplett selbst aus den Vorstufen herstellen können – also Serotonin direkt in der Bauchspeicheldrüse produzieren. (Li et al. 2024)

Dies bedeutet: Die Bauchspeicheldrüse steuert den Blutzucker mithilfe verschiedener Hormone – darunter auch Serotonin, das vermutlich direkt in den Zellen entsteht oder zumindest eingelagert wird und dabei hilft, Insulin bedarfsgemäß freizusetzen.

Diabetische Neuropathie

Diabetische Neuropathie ist eine Nervenerkrankung, die als Folge eines langfristig erhöhten Blutzuckerspiegels bei Diabetes mellitus – Diabetes Typ 2 – entsteht. Sie zählt zu den häufigsten Spätfolgen von Diabetes und ist nur schwer behandelbar.

Typische Merkmale sind unter vielen anderen ein Kribbeln oder Taubheitsgefühl, vor allem in den Füßen und Händen, sowie Empfindungsstörungen, das heißt Hitze, Kälte oder Schmerz werden kaum noch wahrgenommen. Auch brennende oder stechende Schmerzen, insbesondere nachts, können bei der diabetischen Neuropathie auftreten.

Der Grund für die Symptome: Ist der Blutzucker über längere Zeit schlecht eingestellt, schädigt er die feinen Blutgefäße, die die Nerven mit Sauerstoff und Nährstoffen versorgen. Dadurch werden die Nerven selbst geschädigt – besonders an den Händen, Füßen und Beinen.

Neuere Forschungsarbeiten haben gezeigt, dass Veränderungen in der Serotonin-Übertragung im Nervensystem eine wichtige Rolle bei der Entstehung neuropathischer Schmerzen spielen. Besonders im Fokus stehen wiederum bestimmte Serotonin-Rezeptoren – wie der 5-HT6-Rezeptor –, die in diesem Zusammenhang dauerhaft aktiv zu sein scheinen. Mit einem besseren Verständnis jener Rezeptoren und ihrer Signalwege könnten gezielte Wirkstoffe entwickelt werden, die neue, wirksame und gut verträgliche Schmerzmittel ermöglichen – so das wissenschaftliche Ziel in der Diabetes-Forschung. (Mokhtar et al. 2023)

Gleichzeitig konnten neuere Untersuchungen am Menschen belegen, dass Störungen im Tryptophan-Stoffwechsel mit neuropathischen Beschwerden verbunden sind. So ließ sich zeigen, dass etwa die Schmerzen beziehungsweise Missempfindungen in den Händen umso stärken waren, je größer die Störung des Tryptophan-Stoffwechsels war. (Kushibiki et al. 2024)

SONSTIGE ERKRANKUNGEN

Serotonin spielt eine zentrale Rolle in zahlreichen physiologischen Prozessen und wird deshalb auch mit unterschiedlichsten weiteren Erkrankungen in Verbindung gebracht. Rund 90 Prozent des körpereigenen Serotonins befinden sich im Darm, wo es nicht nur die Darmmotilität, sondern auch Schmerzempfinden und Entzündungsprozesse beeinflusst. Entsprechend wird ein veränderter Serotonin-Haushalt bei verschiedenen Darmerkrankungen diskutiert.

Auch im Herz-Kreislauf-System wirkt Serotonin als wichtiger Regulator von Gefäßtonus und Blutdruck und kann so zur Entstehung von Arteriosklerose und Bluthochdruck beitragen. Darüber hinaus spielt es bei bestimmten Krebsarten eine Rolle, indem es das Tumorwachstum und die Metastasierung beeinflusst.

Schließlich ist Serotonin auch wesentlich an der Steuerung der Sexualfunktion beteiligt, wobei Veränderungen im Serotonin-Spiegel mit Störungen der sexuellen Motivation und Leistungsfähigkeit in Zusammenhang stehen.

Darmerkrankungen

Serotonin spielt eine Schlüsselrolle für die Darmgesundheit. Hier steuert es die Bewegung der Darmwand, die sogenannte Peristaltik, und reguliert somit die Motilität des Darmtraktes. Serotonin hat aber noch eine weitere wichtige Funktion: Es lenkt nämlich auch das Schmerzempfinden – und zwar über die bereits erwähnte Darm-Gehirn-Achse, die letztendlich auf das gesamte Nervensystem einwirkt.

Sind diese serotoninabhängigen Prozesse im Darm jedoch gestört, kann dies beispielsweise zum Reizdarmsyndrom führen, einer schmerzhaften Erkrankung, deren genaue Ursachen jedoch bis heute noch nicht vollständig erforscht sind.

Ein gesunder Darm hat dank seines ausgeprägten Serotonin-Systems noch einen weiteren Vorteil: Er beeinflusst nämlich auch die mentale Gesundheit, vor allem dann, wenn Sie mit Stress umgehen müssen. Umgekehrt kennen Sie vielleicht das Gefühl, wenn Probleme und Sorgen auf den Magen schlagen. Verstopfung, Durchfall oder Blähungen können die Folge sein, was die innere Anspannung weiter verstärkt. All dies wird durch ein gestörtes Serotonin-System hervorgerufen.

Reizdarm

Unerklärliche Bauchschmerzen, Blähungen, Verstopfung, Durchfall oder ein allgemeines Unwohlsein – viele von uns haben solche Beschwerden schon einmal erlebt, meist verschwinden sie nach kurzer Zeit wieder. Doch bei etwa einem Viertel der Bevölkerung in Mitteleuropa werden diese Symptome zum dauerhaften Problem und belasten den Alltag erheblich. Halten die Beschwerden länger als drei Monate an, spricht man vom Reizdarm-Syndrom.

Ursachen sind nicht eindeutig geklärt

Wie genau das Reizdarm-Syndrom entsteht, ist noch nicht abschließend geklärt – auch deshalb, weil die vielen

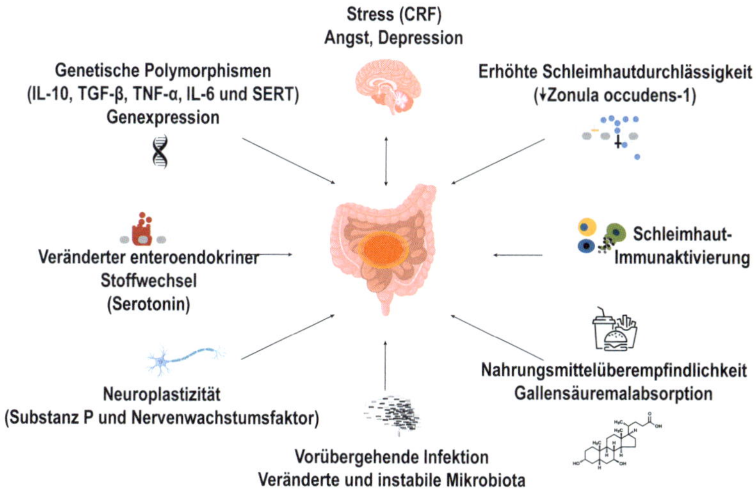

Abb. 27: Faktoren, die zur Entstehung des Reizdarm-Syndroms beitragen
(modifiziert nach Barbara et al. 2011)

Ursachen je nach Person unterschiedlich ausgeprägt sein können. Studien deuten jedoch auf einen oftmals bestehenden Zusammenhang zwischen einer gestörten Darmflora und der Entstehung des Reizdarms hin. (Forbes et al. 2016) Zudem ist belegt, dass sowohl unausgewogene Ernährung als auch Stress, Angststörungen und Depressionen einen wesentlichen Einfluss auf die Darmfunktion haben. Weitere negative Faktoren sind Entzündungen, Störungen des Immunsystems, Lebensmittelunverträglichkeiten und/oder Umweltschadstoffe. Aber auch bestimmte Medikamente – etwa Antibiotika – können die Darmflora und somit die Aktivität des Darms verändern (siehe Abbildung 27). (Barbara et al. 2011)

Serotonin bei Reizdarm

Typische Merkmale eines Reizdarm-Syndroms sind eine erhöhte Schmerzempfindlichkeit im Bauchraum, was mit einer geschwächten Schutzfunktion der Darmschleimhaut in Verbindung gebracht wird. Bei vielen Betroffenen ist darüber hinaus die Darmbewegung (Peristaltik) entweder verlangsamt oder beschleunigt, was entweder zu Verstopfung oder gehäuften Darmentleerungen führen kann – alles Umstände, die insbesondere den Abtransport von Gasen beeinflussen. Andere wiederum reagieren besonders empfindlich auf normale Vorgänge im Darm: Schon geringe Nahrungsmengen können bei ihnen eine Dehnung der Darmwand auslösen, die ein zwanghaftes Entleerungsgefühl hervorruft – auch dann, wenn eigentlich kein Bedarf besteht. Ursache dafür ist vermutlich eine erhöhte Dichte und/oder Empfindlichkeit von bestimmten Nervenzellen in der Darmschleimhaut.

Eine besondere Rolle spielt hierbei Serotonin, das sowohl die Darmmotorik als auch die Schmerzempfindlichkeit mitsteuert. Schon lange ist bekannt, dass bei Menschen mit Reizdarm-Syndrom die Aktivität des Serotonin-Transporters (SERT) vornehmlich in den Blutplättchen verändert ist.

Es konnte nachgewiesen werden, dass Personen, die eher an Durchfall leiden, oft erhöhte Serotonin-Werte im Blut haben, was wahrscheinlich daran liegt, dass ihre Blutplättchen (Thrombozyten) weniger Serotonin aufnehmen und somit dem Blutkreislauf nicht entziehen. Bei Menschen mit Verstopfung ist es umgekehrt: Diese Patienten haben weniger Serotonin im Blut, dafür aber erhöhte Werte in ihren Blutplättchen. (Roth et al. 2021, Dunlop et al. 2005)

Der Einfluss der Sexualhormone

Schwankungen der weiblichen Sexualhormone stehen ebenso in Zusammenhang mit Veränderungen der Reizdarm-Symptomatik. Untersuchungen verdeutlichen, dass in der späten Lutealphase – also kurz vor der Menstruation – mehr Serotonin-Rezeptoren im Körper gebildet werden beziehungsweise ihre Sensitivität erhöht ist. Zu diesem Zeitpunkt sind die Hormonspiegel von Östrogen und Progesteron sehr niedrig. Besonders während dieser Zeit berichten viele Frauen über stärkere Beschwerden und eine erhöhte Empfindlichkeit gegenüber Schmerzen, vor allem im Bauchbereich. (Paredes et al. 2019)

Diese Ergebnisse könnten erklären, warum bestimmte Schmerzerkrankungen – wie das Reizdarm-Syndrom – bei Frauen und hier häufiger um die Menstruation herum auftreten. Auch bei Frauen nach den Wechseljahren, deren Hormonspiegel dauerhaft niedrig sind, scheint die Schmerzempfindlichkeit permanent erhöht zu sein.

Obwohl Serotonin-Antagonisten nachweislich reizdarmbedingte Schmerzen lindern können, ist die Wirksamkeit der Behandlung nicht bei allen Menschen gleich. Sie hängt unter anderem vom Geschlecht ab – Frauen sprechen stärker darauf an als Männer. Das stützt die Annahme, dass vor allem die weiblichen Sexualhormone die Wirkung von Serotonin beeinflussen.

Wirkort von Serotonin bestimmt Schmerzempfinden

Sie sehen: Bei Menschen mit Reizdarm-Syndrom spielen sowohl Serotonin als auch andere Hormone eine wichtige

Rolle bei der Entstehung und Wahrnehmung von Schmerzen. Entscheidend ist dabei, wo im Körper das Serotonin wirkt.

Steigt der Serotonin-Spiegel beispielsweise in der Peripherie – also im Darm – an, kann dies über bestimmte Zellen der Darmschleimhaut, wie etwa Mastzellen, sowie über dort vorkommende spezielle Serotonin-Rezeptoren, beispielsweise den 5-HT3-Rezeptor, zu einer Verstärkung der Schmerzen führen. Daran ist unter anderem auch das Sexualhormon Östrogen beteiligt, da es diese Reaktionen positiv beeinflusst.

Etwas anders stellt sich die Situation dar, wenn der Serotonin-Gehalt in bestimmten Nervenbahnen – wie dem Vagusnerv, also dem Nerv, der den Informationsaustausch zwischen Darm und Gehirn sicherstellt – ansteigt: Dort kann Serotonin schmerzlindernd wirken.

Auch der Östrogen-Spiegel selbst beeinflusst, wie Serotonin wirkt: Bei niedrigem Östrogen, etwa kurz vor der Periode oder nach den Wechseljahren, verändert sich die Reaktion des Körpers auf Serotonin, was zu einem erhöhten Schmerzempfinden führen kann, wie Sie im Kapitel über die Fibromyalgie bereits ausführlich gehört haben. (Paredes et al. 2019)

Entzündliche Darmerkrankungen

Chronisch-entzündliche Darmerkrankungen nehmen weltweit zu, die Zahl der Betroffenen steigt Jahr für Jahr. Zu den häufigsten Formen zählen Colitis ulcerosa und Morbus Crohn, beides chronische Entzündungen jeweils unterschiedlicher Abschnitte des Magen-Darm-Traktes.

Diese Erkrankungen verlaufen in Schüben und können sowohl im Jugend- als auch erst im höheren Lebensalter auftreten. Während sich die Entzündung bei Colitis ulcerosa auf den Dickdarm beschränkt, kann Morbus Crohn den gesamten Verdauungstrakt betreffen – vom Mund bis zum After.

Starke Bauchkrämpfe, chronischer Durchfall, Bauchschmerzen und Blähungen zählen zu den typischen Symptomen beider Erkrankungen. Häufig treten aber auch Fieber, Übelkeit und Erbrechen auf. In schweren Fällen können Komplikationen wie Fisteln im Darmbereich, aber auch Gelenks- oder sogar Augenentzündungen hinzukommen. Die Beschwerden verlaufen meist in Schüben: Phasen mit starken entzündlichen Symptomen wechseln sich mit beschwerdefreien Intervallen ab, die oft über längere Zeit andauern.

Mögliche Ursachen

Die genauen Ursachen dieser chronisch-entzündlichen Darmerkrankungen sind bislang nicht vollständig geklärt. Es wird jedoch angenommen, dass mehrere Faktoren an ihrer Entstehung und ihrem Voranschreiten beteiligt sind – darunter genetische Veranlagung und ein ungesunder Lebensstil, insbesondere unausgewogene Ernährung und Nikotinkonsum.

Auch ein geschwächtes Immunsystem, das Krankheitserreger wie Viren und Bakterien nicht mehr ausreichend bekämpfen kann, könnte entzündliche Prozesse im Darm begünstigen. Zudem stehen psychische Belastungen wie Stress und Depressionen immer wieder im Verdacht, das Krankheitsgeschehen negativ zu beeinflussen.

Serotonin bei Colitis ulcerosa

Serotonin ist im Darm ein wichtiger Regulator. Bei Colitis ulcerosa kann es jedoch die Entzündungsprozesse verstärken. Wie Studien ergeben haben, erhöhen sich bei Darmentzündungen die enterochromaffinen Zellen, die Serotonin im Darm produzieren. Gleichzeitig wird der Serotonin-Transporter (SERT) herunterreguliert, was zu einem erhöhten Serotonin-Spiegel in der Darmschleimhaut führt.

Forscher nehmen an, dass Serotonin dadurch beispielsweise vermehrt mit bestimmten immunkompetenten Zellen im Darm in Kontakt kommt, wie etwa den dendritischen Zellen, die sich in der Darmschleimhaut befinden. (Jørandli et al. 2020, Pergolizzi et al. 2022)

Die dendritischen Zellen sind so etwas wie die Spürnasen im Darm. Sie bewerten permanent, ob ein Stoff beziehungsweise Eindringling – etwa Bakterien, Viren, Nahrungsreste, aber auch körpereigene Botenstoffe – eine Gefahr darstellt oder harmlos ist. Entdecken sie eine Bedrohung, wie zu viel frei herumschwirrendes Serotonin, ändert sich ihr Verhalten: Sie schütten vermehrt entzündungsfördernde Botenstoffe wie bestimmte Interleukine aus, feuern dadurch das Immunsystem zusätzlich an und verstärken damit die Entzündung.

Aber: Je nach Serotonin-Rezeptortyp variieren diese Effekte. So können einige zwar tatsächlich Entzündungen im Darm fördern, andere wiederum unterstützen jedoch die Heilung der Darmschleimhaut, was zum Abklingen der Entzündung führt. (Wan et al. 2020) Neben Serotonin sind hierfür sicherlich noch andere Botenstoffe und Zellen – etwa die Darmbakterien – vonnöten, auch wenn das genaue Zusammenspiel all dieser Faktoren bis heute noch nicht bekannt ist.

Probiotikum gegen Darmentzündung

Sie haben schon gehört, dass Probiotika gesundheitsfördernde Effekte auf den Darm und die Mikrobiota ausüben. Eine jüngere Studie untersuchte die Forschungsfrage,wie sich beispielsweise das Probiotikum Lactobacillus acidophilus auf die Serotonin-Produktion im entzündeten Darm auswirkt.

Das Ergebnis: Durch die Gabe von Lactobacillus acidophilus konnte der Serotonin-Anstieg bei Colitis ulcerosa reduziert werden. Gleichzeitig wurde auch die Entzündung im Darmgewebe abgeschwächt. (Hizay et al. 2023) Ein vielversprechender Ansatz in der Behandlung von entzündlichen Darmerkrankungen, umso mehr, als herkömmliche Behandlungsmethoden oft wenig effektiv sind, dafür aber viele Nebenwirkungen haben. (Guo et al. 2024b)

Herz-Kreislauf-Erkrankungen

Herz-Kreislauf-Erkrankungen sind für rund 45 Prozent aller Todesfälle verantwortlich und stellen somit weltweit die häufigste Todesursache dar. Experten gehen davon aus, dass diese Zahl in den kommenden Jahren weiter ansteigen wird.

Unser Lebensstil hat einen entscheidenden Einfluss auf die Gesundheit unseres Herz-Kreislauf-Systems, was oft unterschätzt wird. Mit zunehmendem Alter hinterlassen

Stress, ungesunde Ernährung, Rauchen, übermäßiger Alkoholkonsum, Bewegungsmangel, Übergewicht und Stoffwechselerkrankungen wie Diabetes mellitus deutliche Spuren im Körper. Diese Faktoren begünstigen schleichende Schäden an Herz und Gefäßen, die langfristige Folgen haben können.

Dauerhafter Stress zum Beispiel hat weitreichende Auswirkungen: Er fördert die Ausschüttung von Stresshormonen wie Adrenalin und Cortisol, die den Blutdruck und die Herzfrequenz erhöhen. Dadurch steigt zum Beispiel das Risiko für Durchblutungsstörungen in den Herzkranzgefäßen, die im schlimmsten Fall zu einem Herzinfarkt führen können.

Zudem trägt ein ungesunder Lebensstil maßgeblich zur Entstehung häufiger Herz-Kreislauf-Erkrankungen bei – darunter Arteriosklerose (Gefäßverkalkung), die wiederum Bluthochdruck, die bereits erwähnte koronare Herzkrankheit und letztlich einen Herzinfarkt begünstigen kann. Besonders alarmierend: Diese Erkrankungen entwickeln sich oft schleichend und bleiben lange unbemerkt, bevor es zu ernsten Komplikationen kommt.

Zu den häufigsten Erkrankungen des Herz-Kreislauf-Systems zählen Bluthochdruck, Herzinfarkt und Schlaganfall. Trotz unterschiedlicher Symptome liegt ihnen ein gemeinsamer Mechanismus zugrunde: Das Blut kann nicht mehr ungehindert durch die Gefäße fließen. Dadurch werden lebenswichtige Organe – insbesondere Herz und Gehirn – nicht mehr ausreichend mit Sauerstoff und Nährstoffen versorgt. Die Folgen reichen von akuten Beschwerden bis hin zu dauerhaften Schädigungen oder dem Tod.

Der Einfluss von Serotonin

Serotonin hat vielfältige, aber durchaus komplexe Einflüsse auf das Herz-Kreislauf-System.

Es hilft dabei, den Blutfluss zu regulieren und spielt eine wichtige Rolle bei der Blutgerinnung und somit insgesamt bei der Herz-Kreislauf-Gesundheit. Besonders wichtig ist sein Einfluss auf die Steifheit der Blutgefäße, auf die es regulierend einwirkt, wodurch Serotonin indirekt auch den Blutdruck beeinflusst. Weiters schützt es vor zu großer Adrenalin-Ausschüttung, was ebenso der Blutdruckregulation zugutekommt.

Auf unterschiedliche Blutgefäße übt Serotonin unterschiedliche Wirkung aus: In größeren Gefäßen und solchen, in denen die innerste Zellschicht des Gefäßes, das Endothel, beschädigt ist, verengt es diese Gefäße, was den Blutdruck erhöhen und die Bildung von Ablagerungen an den Gefäßwänden und/oder von Blutgerinnseln fördern kann. In kleineren beziehungsweise intakten Gefäßen wiederum dagegen kann es diese erweitern, was die Durchblutung verbessert und das Herz vor Überlastung schützt. (Witkowska et al. 2024)

Serotonin wirkt außerdem direkt auf die Herzmuskelzellen ein und stimuliert empfindliche Nerven im Herzen, die an der Regulierung der unterschiedlichen Herzfunktionen wie Schlagkraft und Frequenz beteiligt sind (siehe Abbildung 28). (Côté et al. 2004)

Die Rolle der Serotonin-Rezeptoren

Wie Serotonin im Herz-Kreislauf-System wirkt, hängt davon ab, welcher Rezeptor aktiviert wird und wo dieser liegt. Denn die verschiedenen Serotonin-Rezeptoren

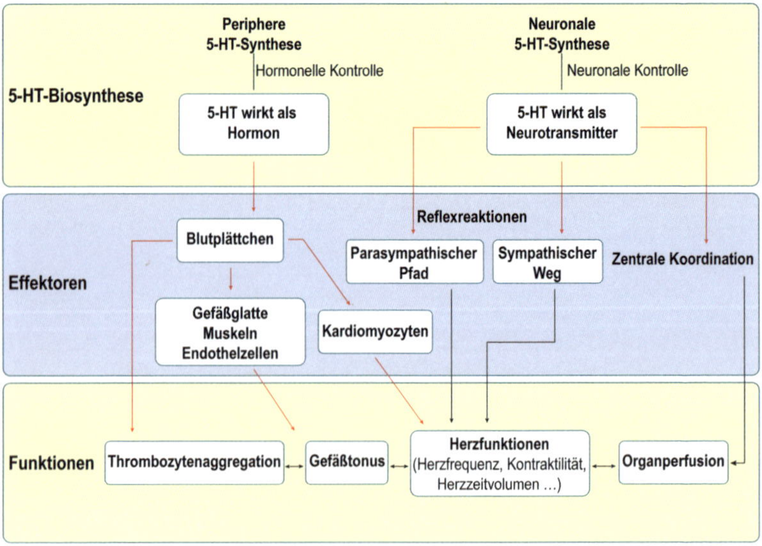

Abb. 28: Schematische Darstellung der Regulation des Herz-Kreislauf-Systems **(modifiziert nach Côté et al. 2004)**

beeinflussen jene Prozesse auf ganz unterschiedliche Weise:

5-HT1A-Rezeptoren können beispielsweise den Blutdruck senken. 5-HT2C-Rezeptoren wirken ausgleichend und bremsen überaktive 5-HT2A-Rezeptoren, da deren Überaktivierung mit der Entstehung von Bluthochdruck verbunden ist. 5-HT3-Rezeptoren wiederum sind ebenfalls an der Blutdruckregulation beteiligt. (Witkowska et al. 2024)

Relevanz für die Herzfunktion im Sinne der Schlagkraft hat auch der 5-HT2B-Rezeptor, der ein entscheidender Regulator bereits während der embryonalen Herzentwicklung ist. Wurde er in Tierversuchen blockiert, führte dies zu einem anatomischen Herzfehler und daher zum Tod von Embryonen und Neugeborenen. (Nebigil et al. 2000) Die vermehrte 5-HT2B-Rezeptor-Signalübertragung scheint aber auch eine Rolle bei der Entstehung von Bluthochdruck zu spielen. (Bahr et al. 2024)

Am Herzen selbst übt Serotonin seine Wirkung hauptsächlich über die 5-HT4-Rezeptoren aus und beeinflusst auf diese Weise direkt die Herzleistung: Es steigert hier die Schlagkraft und erhöht die Herzfrequenz. Der Grund: Serotonin löst über die 5-HT4-Rezeptoren im Inneren der Herzmuskelzellen eine komplexe Signalkette aus, bei der unter anderem mehr Kalziumionen freigesetzt werden – ein zentraler Faktor für die Kontraktion des Herzmuskels. Gleichzeitig wird die Bildung von cAMP, Abkürzung für zyklisches Adenosinmonophosphat, einem wichtigen Botenstoff, angeregt. Er aktiviert weitere Enzyme, die ebenfalls die Herzfunktion beeinflussen. (Gergs et al. 2021, Neumann et al. 2023)

Aber: Eine Überstimulation der 5-HT4-Rezeptoren kann auch Herzrhythmusstörungen verursachen. Neuere Untersuchungen legen zudem nahe, dass diese Rezeptoren bei schweren Erkrankungen, wie zum Beispiel bei einer Blutvergiftung (Sepsis), bei der schlechten Durchblutung von Organen (Ischämie) oder wenn nach einem Gefäßverschluss die Blutzufuhr plötzlich wieder einsetzt (Reperfusion), eine wesentliche Rolle spielen könnten. (Neumann et al. 2023)

Was ist ein Reperfusionsschaden?

Wird, wie etwa bei einem Herzinfarkt oder Schlaganfall, ein Blutgefäß verstopft, werden die Zellen im betroffenen Bereich nicht mehr mit Sauerstoff und Nährstoffen versorgt. Das Gewebe wird dadurch geschädigt und kann sogar absterben.

Vorrangiges Ziel bei einem Herzinfarkt oder Schlaganfall ist daher, die Blut- beziehungsweise Sauerstoffversorgung innerhalb kürzester Zeit wiederherzustellen. Sobald die lebensnotwendige Sauerstoffversorgung erneut funktioniert, kommt es jedoch aufgrund des nun wieder anflutenden Sauerstoffs zu oxidativen Schäden an dem bereits vorgeschädigten Gewebe. Man spricht dabei von einem Reperfusionsschaden. (Fauteck 2024)

Verändertes Serotonin-Abbausystem

Serotonin beeinflusst das Herz-Kreislauf-System also in vielerlei Hinsicht – sowohl positiv als auch negativ. Worauf es ankommt, ist der Haushalt beziehungsweise die Balance zwischen Synthese und Abbau. Denn ein gestörter, unausgewogener Serotoninhaushalt kann zur Entstehung oder Verschlimmerung von Herzerkrankungen beitragen.

Seit Langem ist bekannt, dass eine Veränderung des Serotonin-Abbausystems beispielsweise an der Entstehung von Bluthochdruck und Atherosklerose beteiligt ist. (Imamdin & van der Vorst 2023)

Atherosklerose – die Verengung und Verhärtung der Arterien – gehört zu den wichtigsten Ursachen für Herzinfarkt und bestimmte Formen des Schlaganfalls. Bei Atherosklerose lagern sich Fettstoffe, Entzündungszellen und andere Substanzen an den Innenwänden der Blutgefäße ab, was den Blutfluss einschränkt und schließlich zu einer Unterversorgung des Herzens oder Gehirns führen kann.

Ein zentraler Faktor bei den Entzündungsprozessen ist der Tryptophan-Katabolismus. Dabei handelt es sich um den Abbauweg von Tryptophan, aus dem Serotonin gebildet und anschließend wieder abgebaut wird. Unter bestimmten Bedingungen – etwa bei chronischen Entzündungen oder oxidativem Stress – wird insbesondere der Abbauweg überaktiviert. Das führt zur vermehrten Bildung von sogenannten TRYCATs (Tryptophan-Kataboliten), die entzündungsfördernd wirken und die Gefäßwände zusätzlich schädigen können.

Diese übermäßige Aktivierung des TRYCAT-Systems wurde auch bei Patienten mit zerebrovaskulären Erkrankungen, wie dem Schlaganfall, nachgewiesen. Das legt nahe, dass der gestörte Tryptophan-Stoffwechsel eine wichtige Rolle bei der Entstehung und dem Verlauf solcher Erkrankungen spielt – und möglicherweise ein Ansatzpunkt für neue Therapien oder Präventionsmaßnahmen sein könnte. (Hajsl et al. 2020)

Gleichzeitig zeigen klinische Studien aber auch, dass ein Zuviel an Serotonin schädlich sein kann, beschrieben zum Beispiel für das Serotonin-Syndrom: Mitunter überaktiviert ein erhöhter Serotonin-Spiegel nämlich die bereits erwähnten 5-HT4-Rezeptoren im Herzvorhof, was

Herzrhythmusstörungen oder andere Probleme begünstigen kann. (Côté et al. 2004)

Tryptophan als Biomarker bei Herzerkrankungen

Wie bereits erwähnt, wurde bei der koronaren Herzkrankheit (KHK), bei der die Herzkranzgefäße verengt sind, ein signifikanter Zusammenhang mit Serotonin, oder besser seinem Vorläufer Tryptophan, festgestellt. So deuten Forschungsergebnisse darauf hin, dass ein erhöhter Tryptophan-Stoffwechselspiegel, messbar im Urin, ein Hinweis auf ein erhöhtes Krankheitsrisiko sein kann. Das macht Tryptophan und seine Abbauprodukte zu einem interessanten Biomarker – also zu einem messbaren Stoff, der frühzeitig auf eine Herzerkrankung hinweisen könnte. (Yoon et al. 2020)

Krebserkrankungen

Serotonin ist zwar vor allem für seine Wirkung im Nervensystem und Darm bekannt, in den letzten Jahren hat die Forschung jedoch gezeigt, dass Serotonin auch außerhalb dieser Gebiete eine wichtige Rolle spielt, insbesondere bei der Entstehung und dem Fortschreiten von Krebserkrankungen.

Zahlreiche Studien belegen inzwischen, dass Serotonin an verschiedenen Prozessen beteiligt ist, die das Tumorwachstum fördern können – darunter auch die Wanderung von Krebszellen (Migration) mit anschließender Bildung von Metastasen sowie die Versorgung von Tumoren mit neuen Blutgefäßen (Tumorangiogenese). Die zugrunde liegenden Signalwege sind jedoch sehr komplex und bei vielen Krebsarten bislang nur teilweise verstanden.

Darüber hinaus nutzen Krebszellen bestimmte Signalmechanismen, die eigentlich für die Kommunikation zwischen Nervenzellen gedacht sind – neurotransmittervermittelte Signalwege – für ihr eigenes Überleben und ihre unkontrollierte Vermehrung. Auch Immunzellen in der Umgebung des Tumors können durch diese Botenstoffe beeinflusst werden, sodass sie das Krebswachstum sogar unbeabsichtigt unterstützen.

Die gezielte Beeinflussung des Serotonin-Signalwegs eröffnet daher neue Perspektiven für die Entwicklung innovativer Krebstherapien.

Ungleichgewicht im Tryptophan-Stoffwechsel

Störungen im Abbau von Tryptophan und ihr Zusammenhang mit verschiedenen Krebsarten stehen hier besonders im Fokus der Wissenschaft. Diese Veränderungen im Tryptophan-Stoffwechsel treten bei vielen Tumoren auf und sind häufig mit einer schlechten Prognose und ungünstigen Krankheitsverläufen verbunden.

Ein fehlgesteuerter Tryptophan-Stoffwechsel kann nämlich das Tumorwachstum fördern und es Krebszellen erleichtern, dem Immunsystem zu entkommen. Das geschieht vor allem dadurch, dass im Tumorgewebe eine immunsuppressive Mikroumgebung entsteht – folglich ein Umfeld, in dem Immunzellen weniger aktiv sind oder sogar gehemmt werden. Dadurch kann sich der Tumor ungestört ausbreiten. (Yan et al. 2024)

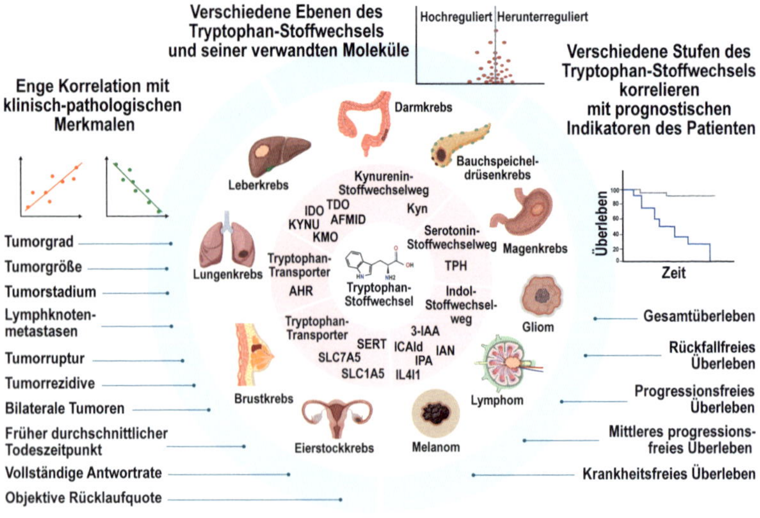

Abb. 29: Abnorme Expression des Tryptophan-Metabolismus bei Krebserkrankungen
(modifiziert nach Yan et al. 2024)

Studien haben belegt, dass bestimmte Schlüsselenzyme – vor allem IDO1 (Indolamin-2,3-Dioxygenase 1) und TDO2 (Tryptophan-2,3-Dioxygenase) – in vielen Krebsarten verändert sind und den Abbau von Tryptophan in den Tumorzellen beschleunigen.

Das wurde unter anderem bei Hirntumoren, Brustkrebs, Lungenkrebs und Tumoren des Verdauungstrakts beobachtet. Darüber hinaus stehen diese veränderten Enzyme in einem engen Zusammenhang mit Merkmalen wie Tumorgrad, Stadium, Größe und Lymphknotenmetastasen (siehe Abbildung 29). (Yan et al. 2024)

Der verstärkte Tryptophan-Abbau führt weiters zu einer Unterdrückung des Immunsystems, schwächt natürliche Schutzbarrieren des Körpers und trägt so zur Ausbreitung und Metastasierung des Tumors sowie der Verschlechterung des allgemeinen Gesundheitszustandes der Betroffenen bei. (Abd El-Fattah 2022)

Serotonin und seine Wirkung auf das Immunsystem

In den letzten Jahren hat die Tumorimmuntherapie große Durchbrüche erzielt, die die Überlebensrate einiger Krebspatienten deutlich verbessert hat. Dabei handelt es sich um eine moderne Form der Krebsbehandlung, bei der das eigene Immunsystem des Körpers gezielt unterstützt oder aktiviert wird, um Krebszellen zu erkennen und zu bekämpfen. Allerdings kann die Immuntherapie derzeit nur einer kleinen Anzahl von Patienten zugutekommen. (Billan et al. 2020)

Die exakten Mechanismen, wie Serotonin auf Tumoren wirkt, sind bis dato nicht bekannt. Bisher wurde meistens nur untersucht, wie Serotonin direkt auf die Krebszellen wirkt. Dabei besteht ein Tumor nicht nur aus Krebszellen, sondern auch aus den Blutgefäßen, die den Tumor versorgen, Stromazellen, die das Gewebe um einen Tumor herum mit aufbauen und unterstützen, und vor allem vielen Immunzellen, die gegen Tumore kämpfen wollen.

Diese Immunzellen haben spezielle Serotonin-Rezeptoren auf ihrer Oberfläche. Das lässt den Schluss zu: Serotonin kann direkt auf das Immunsystem wirken. Dafür sind normale, balancierte Serotonin-Werte wesentlich, damit die Immunzellen gut arbeiten und Tumorzellen wirksam bekämpft werden können. (Zhan et al. 2023)

Einfluss hat Serotonin insbesondere auf die T-Zellen, die eine zentrale Rolle bei der Abwehr von Krankheitserregern und Krebs spielen. Serotonin wirkt über den 5-HT7-Rezeptor hierbei als eine Art Signalgeber, um die T-Zellen zu aktivieren. Besonders wichtig ist dieser Effekt bei den CD8-T-Zellen, den sogenannten Killerzellen, die gezielt Krebszellen angreifen und zerstören können. Studien zeigen: Serotonin hilft jenen Zellen, schneller aktiv zu werden und ihre Anti-Tumor-Wirkung zu verstärken. (Wang et al. 2024)

Magen-Darm-Krebs

Neuere Forschungen belegen, dass die Tryptophan-Stoffwechselwege im Darm einen wesentlichen Einfluss auf die Entwicklung von Magen-Darm-Krebs haben. Denn die Art und Weise, wie Darmbakterien Tryptophan verarbeiten, beeinflusst wiederum das Immunsystem – entweder positiv oder negativ. Ein gesundes Gleichgewicht im Darm trägt somit dazu bei, das Immunsystem zu stärken und Entzündungen zu verhindern. Ein Ungleichgewicht der Mikrobiota, also eine Dysbiose, wurde dagegen mit der Entstehung und dem Fortschreiten von Magen-Darm-Krebs in Verbindung gebracht. (Wong & Yu 2023)

Die doppelte Rolle von Serotonin bei Darmkrebs

Bei Darmkrebs, medizinisch: kolorektales Karzinom, spielt Serotonin eine komplexe und doppelte Rolle. Wie genau

Serotonin wirkt, hängt dabei vom Krankheitsstadium und vom biologischen Umfeld im Darm, also von den Darmbakterien, ab.

In einem frühen Krankheitsstadium kann Serotonin sogar schützend wirken. Es hilft, die Darmstammzellen – Zellen, die das Gewebe im Darm erneuern – vor DNA-Schäden zu bewahren. Wird die DNA dieser Stammzellen geschädigt, ist der Darm nicht mehr in der Lage, sich zu erneuern, und langfristig kann daraus ein Tumor entstehen. Durch diesen Schutzmechanismus kann Serotonin also dazu beitragen, dass Krebs gar nicht erst entsteht.

Sobald sich jedoch ein Tumor im Darm gebildet hat, kann Serotonin – beziehungsweise seine Abbauprodukte – eine ganz andere Wirkung entfalten, indem es die Krebszellen dabei unterstützt, sich zu teilen, auszubreiten und dem Immunsystem zu entkommen.

Diese widersprüchlichen Effekte zeigen, wie komplex die Rolle des Serotonin-Stoffwechsels im Körper ist – besonders im Zusammenhang mit Krebs. Je nach Situation können Serotonin beziehungsweise manche seiner Abbauprodukte nützlich oder schädlich sein. (Chen et al. 2024c)

Tryptophan-Stoffwechsel bei Magen-Darm-Krebs

Manche Darmbakterien verwandeln Tryptophan in Indol-Derivate – natürliche Stoffe, die entzündungshemmend, zellschützend und immunregulierend wirken. Ein Beispiel ist IPA (Indol-3-Propionsäure), das möglicherweise das Risiko für die Entstehung von Krebs senken kann. (Jia et al. 2024)

Somit hat der Indol-Signalweg einen sehr großen Einfluss auf die Gesundheit des Verdauungstrakts, die Abwehrreaktion gegen Tumore (Tumorimmunität) und die Wirkung von Medikamenten, inklusive derer, die bei Krebsbehandlungen zum Einsatz kommen.

Die Zusammensetzung der Darmflora und ihre Fähigkeit, Tryptophan in Indole umzuwandeln, kann daher beeinflussen, wie gut Krebstherapien wirken – besonders die Immunchemotherapie, die das Immunsystem im Kampf gegen Tumorzellen unterstützt. (Lu et al. 2025)

Andere Stoffwechselwege des Tryptophans, hauptsächlich der Kynurenin-Weg, können das Immunsystem jedoch unterdrücken und somit Krebszellen helfen, unentdeckt zu bleiben.

Die Ursache dafür: Normalerweise helfen bestimmte Immunzellen, wie beispielsweise die bereits erwähnten CD8-T-Zellen, dabei, Krebszellen im Körper zu erkennen und zu zerstören. Entstehen jedoch bestimmte Substanzen wie Kynurenin in hoher Menge, können sie einen speziellen Signalweg im Körper aktivieren – und zwar den Aryl-Hydrocarbon-Rezeptor (AhR), von dem Sie schon gehört haben.

Der AhR steuert die Aktivität bestimmter Gene, insbesondere solcher, die mit Entzündung und der Immunantwort in Verbindung stehen. Wird er aktiviert, führt dies zu einer Erschöpfung der CD8-T-Zellen, das heißt, sie werden inaktiv oder sogar abgebaut und können ihre Schutzfunktion nicht mehr richtig erfüllen. Dadurch haben Krebszellen es leichter, sich zu vermehren und im Körper auszubreiten. (Liu et al. 2021c)

Serotoninproduzierende Tumore

Serotonin spielt auch bei bestimmten neuroendokrinen Tumoren (NETs) eine zentrale Rolle. Diese Tumoren treten häufig im Gastrointestinaltrakt, und hier vor allem im Dünndarm, auf, können aber auch in der Lunge, der Bauchspeicheldrüse oder den Eierstöcken entstehen. Charakteristisch ist ihre Fähigkeit, neben bestimmten Neurotransmittern und Hormonen übermäßig viel Serotonin zu produzieren, was zum Karzinoid-Syndrom führen kann – ausgelöst durch die überschießende Freisetzung von Serotonin und der weiteren Hormone. Etwa 10–40 Prozent aller Patienten mit einer NET-Diagnose entwickeln dieses Syndrom. (Vitale et al. 2023)

Von Bedeutung ist dabei, dass das in den Tumoren gebildete Serotonin nur im peripheren Körperkreislauf wirkt, nicht jedoch im Zentralnervensystem. Dadurch kann trotz Überproduktion ein Serotonin-Mangel im Gehirn entstehen, mit den bereits beschriebenen gesundheitlichen Folgen.

Typische Symptome des Karzinoid-Syndroms sind anfallsartige Gesichtsrötungen (Flush), Durchfälle, Bauchkrämpfe und Atemnot, die auftreten, wenn Serotonin in den Blutkreislauf gelangt. Unter normalen Umständen wird das Serotonin, welches in den NETs des Darms gebildet und in den portalen Blutkreislauf abgegeben wird, fast vollständig in der Leber abgebaut, bevor es in den systemischen Kreislauf gelangt. In diesem Fall bleiben die Symptome des karzinoiden Syndroms oftmals aus. Befinden sich jedoch Metastasen beispielsweise in der Leber oder liegt der primäre Tumor in Organen wie Lunge, Pankreas oder Eierstöcken, gelangt das dort gebildete Serotonin direkt in den systemischen Kreislauf und verursacht die beschriebenen Beschwerden.

Diagnose und Behandlung

Das Karzinoid-Syndrom wird in der Regel durch den Nachweis von Serotonin im Stoffwechsel diagnostiziert – konkret durch die Messung seines Abbauprodukts 5-HIAA im 24-Stunden-Urin oder im Blut. Zusätzlich kommen bildgebende Verfahren zum Einsatz, um den Tumor und/oder die Metastasen genau zu lokalisieren.

Therapeutisch stehen die chirurgische Entfernung des Tumors sowie Medikamente zur Hemmung der Ausschüttung und zur Senkung der Serotonin-Produktion zur Verfügung, die einerseits die Symptome lindern und andererseits das Tumorwachstum hemmen sollen. Damit nimmt Serotonin sowohl in der Diagnostik als auch im Verständnis der Krankheitsmechanismen eine Schlüsselstellung ein.

Chronischer Stress, Depressionen und Krebs

Depressionen treten bei Krebspatienten deutlich häufiger auf als in der Allgemeinbevölkerung. Studien haben bereits belegt, dass das Risiko, an Depressionen zu erkranken, bei Patienten mit Brust-, Lungen-, Mund- und Prostatakrebs signifikant erhöht ist, was ernste Auswirkungen auf das Fortschreiten der Tumorerkrankung haben kann. (Zhang & Wang 2024)

Krebsbedingte Depressionen können nämlich das Gleichgewicht wichtiger Körperfunktionen stören, darunter die Ausschüttung von Hormonen, die Immunabwehr und das periphere Nervensystem durcheinanderbringen – alles Faktoren, die wiederum das

Wachstum oder, nach erfolgreicher Ersttherapie, das Wiederauftreten von Krebs begünstigen können. (Wang et al. 2020)

Wie Sie schon wissen, wird bei Depressionen ein bestimmtes Stresssystem im Körper aktiviert – das HPA-System (Hypothalamus-Hypophysen-Nebennierenrinden-Achse), welches die Ausschüttung von Stresshormonen wie Cortisol steuert. Wenn dieses System dauerhaft aktiv ist, kann das jedoch ernsthafte Folgen haben: Denn die angeborene Immunabwehr – also der Teil des Immunsystems, der sofort auf Bedrohungen wie Viren oder Krebszellen reagiert – wird deutlich geschwächt. Es kann außerdem zu Entzündungen im Gehirn kommen, die ebenfalls das Immunsystem beeinträchtigen. Auch das adaptive Immunsystem, das für die gezielte und langfristige Abwehr zuständig ist, kann anschließend aus dem Gleichgewicht geraten. (Currier & Nemeroff 2014)

Zusätzlich kann chronischer Stress die Ausschüttung von Neurotransmittern verändern. Diese Veränderungen beeinflussen das Wachstum und die Ausbreitung von Tumoren. Gleichzeitig wird dabei auch das Immunsystem weiter geschwächt, was es dem Körper erschwert, Krebszellen zu bekämpfen. (Guan et al. 2023)

All diese Prozesse können durch Serotonin beeinflusst werden, sowohl positiv als auch negativ. Somit scheint ein ausgewogener und gut balancierter Tryptophan-Serotonin-Haushalt extrem wichtig zu sein. Gelingt es, hier gezielt einzugreifen, könnten sich neue Therapieoptionen entwickeln, an denen bereits geforscht wird. (Zhang et al. 2025)

Sexualstörungen

Ein ausgewogenes Serotonin-System ist von entscheidender Bedeutung auch für die sexuelle Gesundheit. Gerät dieses fein justierte Gleichgewicht von Serotonin-Synthese und -abbau jedoch ins Wanken, kann sich das unmittelbar auf Lust, Erregung und Orgasmusfähigkeit auswirken.

So führt ein Überschuss an Serotonin im synaptischen Spalt häufig zu einer Dämpfung des sexuellen Verlangens. Besonders deutlich zeigt sich dies bei der Einnahme vieler Antidepressiva, vor allem der SSRIs, die den Serotonin-Spiegel im Gehirn und somit im synaptischen Spalt der Nervenzellen erhöhen. Bei zahlreichen Betroffenen mindern sie die sexuelle Lust, erschweren die Erregung oder beeinträchtigen die Orgasmusfähigkeit.

Hingegen kann ein zu niedriger Serotonin-Spiegel ebenso problematisch sein. Er begünstigt Angst- und Panikstörungen, Schlafprobleme sowie Antriebslosigkeit – allesamt Zustände, die mit Lust und Leidenschaft kaum vereinbar sind.

Darüber hinaus übernimmt Serotonin auch während der sexuellen Erregung selbst eine wesentliche Funktion. Es beeinflusst den Blutfluss sowie den Gefäßtonus, also die Spannung der Gefäßmuskulatur, und trägt dadurch zur körperlichen Erregungsfähigkeit bei. Beim Orgasmus der Frau spielt Serotonin auch eine zentrale Rolle, da es beispielsweise die Kontraktionen der Gebärmutter erleichtert. (Fauteck & Jansen 2019)

Sexuelle Luststörung

Es gibt Phasen im Leben, in denen das sexuelle Verlangen nachlässt – etwa in Zeiten erhöhter Belastung oder starker Erschöpfung. Auch verschiedene Erkrankungen können die Lust beeinträchtigen, darunter Depressionen, Angststörungen, chronische Schmerzen oder Krebserkrankungen.

Ob sexuelles Verlangen überhaupt entsteht oder eher gehemmt wird, hängt wesentlich von bestimmten Neurotransmittern ab, die in einem ständigen Wechselspiel von Erregung und Hemmung stehen. Anregende Botenstoffe wie Dopamin, Noradrenalin und Oxytocin fördern Lust und Erregung, während hemmende Substanzen wie Serotonin, körpereigene Opioide oder Endocannabinoide diese Prozesse bremsen. (Goldstein et al. 2017)

Der Einfluss von Serotonin

Eine Schlüsselrolle in diesem Gleichgewicht nimmt Serotonin ein – und zwar vor allem als Bremse der sexuellen Motivation. Es macht das „Erregungssystem" weniger empfänglich für sexuelle Reize und reduziert die Freisetzung von zum Beispiel Dopamin, was ebenfalls zu einer Abnahme der Lust führt. (Croft 2017)

Interessanterweise wirken nicht alle Serotonin-Rezeptoren gleich: Während die Aktivierung des 5-HT1A-Rezeptors meist das sexuelle Verlangen hemmt, können 5-HT2- und 5-HT3-Rezeptoren eher eine fördernde Wirkung entfalten. Erste Hinweise auf diesen Zusammenhang stammen bereits aus den 1960er-Jahren: Bei Tieren reduzierte ein starker Anstieg von Serotonin die sexuelle Aktivität, ein Abfall auf normale Werte hingegen steigerte sie. Spätere Studien am Menschen bestätigten jene Beobachtungen.

So lässt sich unter anderem erklären, warum vor allem die Einnahme von Antidepressiva aus der Gruppe der SSRIs, die ja den Serotonin-Spiegel erhöhen, bei vielen Betroffenen die Lust oder die sexuelle Funktion mindern. Auch genetische Varianten im Serotonin-Transporter stehen in Verbindung mit vermindertem sexuellem Verlangen. (Uphouse 2014)

Diese Erkenntnisse eröffnen therapeutische Perspektiven: Medikamente, die den zu starken Serotonin-Einfluss dämpfen und/oder Dopamin verstärken oder besser noch beide Mechanismen kombinieren, könnten einen Ansatz zur Behandlung sexueller Luststörungen darstellen. (Croft 2017, Pfaus 2009)

Frischverliebte mit niedrigem Serotonin-Spiegel

Das Paradoxe: Sind wir frisch verliebt und das Dopamin steigt, sinkt gleichzeitig der Serotonin-Spiegel. (Luciana et al. 1998) Dies konnte auch in einer schon älteren Studie eindrucksvoll belegt werden: Von den insgesamt 60 Personen dieser Testreihe hatten sich 20 in den letzten sechs Monaten verliebt, weitere 20 litten an einer klinisch manifesten Depression. Bei den restlichen 20 handelte es sich um gesunde Studienteilnehmer, die weder verliebt noch depressiv waren. Das Ergebnis: Während die ersten beiden Gruppen niedrige Serotonin-Werte aufwiesen, kam die dritte Gruppe auf einen Normalwert. (Marazziti et al. 1999, Fauteck & Jansen 2019)

Vorzeitige Ejakulation

Die vorzeitige Ejakulation zählt zu den häufigsten sexuellen Funktionsstörungen bei Männern. Sie ist gekennzeichnet durch einen zu früh eintretenden Samenerguss und steht in engem Zusammenhang mit einer Fehlregulation des Serotonin-Systems.

Unterschiede in der Aktivität bestimmter Serotonin-Rezeptoren im Gehirn, etwa 5-HT1A oder 5-HT2C, scheinen hierbei eine zentrale Rolle zu spielen. Während einige Rezeptoren die Hemmung und damit die Verzögerung des Samenergusses begünstigen, wirken andere eher beschleunigend. Auch der Serotonin-Spiegel selbst beeinflusst den sogenannten Ejakulationsschwellenwert: Ein erhöhter Spiegel führt dazu, dass eine stärkere Stimulation erforderlich ist, um die Ejakulation auszulösen – was eine Verzögerung zur Folge hat. Eine verringerte Serotonin-Aktivität hingegen senkt diesen Schwellenwert und beschleunigt den Samenerguss – ein Mechanismus, der für die vorzeitige Ejakulation typisch ist.

Die Behandlungsmöglichkeiten einer vorzeitigen Ejakulation reichen von Verhaltenstherapien über lokale Betäubungsmittel wie Cremes oder Sprays bis hin zu Medikamenten, insbesondere SSRIs, die in die Serotonin-Freisetzung eingreifen. Zwar können diese Ansätze den Samenerguss wirksam verzögern, doch entfalten sie ihre Wirkung nur während der Anwendung. (Gul et al. 2022) Eine nicht seltene Nebenwirkung dieser Behandlung ist das Auftreten von sexuellen Dysfunktionen wie dem Libidoverlust.

Oftmals stellt das eine besondere Herausforderung dar: Bei manchen Patienten kehrt nämlich die sexuelle Funktion nach dem Absetzen von SSRIs nicht zum Ausgangszustand zurück. Diese seltene, aber schwerwiegende Folge ist als Post-SSRI-Sexuelle Dysfunktion (PSSD) bekannt und äußert sich durch Taubheitsgefühle im Genitalbereich, vermindertes Orgasmuserleben, Libidoverlust sowie Erektionsprobleme. (Healy & Mangin 2024)

Studie: Serotonin-Gen beeinflusst vorzeitige Ejakulation

Neuere Forschungsergebnisse deuten darauf hin, dass auch genetische Faktoren innerhalb der Serotonin-Synthese das Risiko für eine vorzeitige Ejakulation beeinflussen können. Untersucht wurde dabei das TPH2-Gen, das an der Produktion von Serotonin im Gehirn beteiligt ist. In einer Studie wurden 121 Männer mit vorzeitiger Ejakulation mit 94 gesunden Kontrollpersonen verglichen.

Das Ergebnis: Bei den Betroffenen traten bestimmte Genvarianten häufiger auf – Varianten, die die Serotonin-Synthese verändern und damit möglicherweise den Zeitpunkt der Ejakulation negativ beeinflussen. (Fu et al. 2020)

Liebe, Hormone und das Darmmikrobiom

Liebe ist nicht nur ein Gefühl. Sie ist vielmehr das Ergebnis eines feinen Zusammenspiels zwischen Hormonen, Gehirn und sogar unserem Darm. Denn immer mehr Studien zeigen: Das Darmmikrobiom, also die Gesamtheit unserer Darmbakterien, beeinflusst nicht nur die Verdauung, sondern auch unsere Hormone – und damit Gefühle, Verhalten und Sexualität.

Welche Hormone dabei im Spiel sind, macht deutlich, wie stark dieser Einfluss sein kann: Testosteron und Östradiol treiben Lust und sexuelles Verlangen an. Dopamin, Noradrenalin und Serotonin sorgen dafür, dass wir uns zueinander hingezogen fühlen und verlieben. Und die Bindungshormone Oxytocin und Vasopressin stärken Nähe, Vertrauen und Partnerschaft. Das Mikrobiom wirkt also an ganz zentralen Stellen, wenn es um Lust, Anziehung und Bindung geht – ein Einfluss, der lange unterschätzt wurde. (Robinson et al. 2025)

Die Östrogen-Darm-Mikrobiom-Achse

Besonders spannend ist die Östrogen-Darm-Mikrobiom-Achse. Unsere Darmbakterien sind nämlich in der Lage, nicht nur die Serotonin-Synthese, sondern auch den Spiegel von Östrogen zu regulieren – einem Hormon, das eine Schlüsselrolle für sexuelles Verlangen einnimmt. Gerät das Mikrobiom aus dem Gleichgewicht, wird weniger aktives Östrogen bereitgestellt. Die Folge: Die sexuelle Motivation kann nachlassen. (Li et al. 2022, Robinson et al. 2025)

Dies bestätigen auch klinische Studien: Frauen mit sexuellen Luststörungen wiesen eine deutlich veränderte Zusammensetzung und gestörte Aktivität ihrer Darmflora auf – im Vergleich zu Frauen ohne entsprechende Beschwerden. (Li et al. 2021)

Die Auswirkungen eines Östrogen-Mangels sind dabei sehr vielschichtig. Zum einen betrifft er die körperliche Ebene: Östrogen ist entscheidend für die Lubrikation, also die natürliche Befeuchtung der Scheide. Ohne ausreichende Feuchtigkeit kann der Geschlechtsverkehr schmerzhaft werden, was die Lust erheblich beeinträchtigt. (Meston & Frohlich 2000, Fauteck & Jansen 2019)

Zum anderen wirkt sich Östrogen ähnlich wie Serotonin auch auf die emotionale Ebene aus, da es die Stimmungslage beeinflusst – eine wesentliche Voraussetzung, damit sexuelles Verlangen überhaupt entstehen kann. Tritt eine Dysbalance zwischen Östrogen und Serotonin ein, potenzieren sich die negativen Effekte hinsichtlich des sexuellen Verlangens. (Pyke & Clayton 2019)

Doch nicht nur Frauen sind betroffen: Auch bei Männern kann ein Östrogen-Defizit problematisch sein. Die Symptome ähneln teilweise denen der Wechseljahre bei Frauen, darunter Schlaf- und Stimmungsschwankungen, Hitzewallungen oder nächtliche Schweißausbrüche. Besteht ein chronischer Östrogen-Mangel, kann er das Risiko für ernsthafte Gesundheitsprobleme erhöhen – etwa für erektile Dysfunktionen, Osteoporose, Arthrose oder Herz-Kreislauf-Erkrankungen. (Römmler 2014, Fauteck & Jansen 2019) Auch in diesem Fall ist eine Dysbalance zwischen dem serotonergen und dem östrogenen System sehr wahrscheinlich. (Jensen et al. 2024)

Studie: Fasten fördert die Libido

Mit zunehmendem Alter nimmt bei vielen Männern die Fruchtbarkeit ab – nicht nur durch hormonelle Veränderungen oder eine nachlassende Spermienqualität, sondern auch durch eine sinkende Libido, die sich direkt auf das Sexualverhalten auswirkt.

Eine aktuelle Studie mit männlichen Mäusen hat nun untersucht, ob intermittierendes Fasten (IF) – also regelmäßige Essenspausen – diesen altersbedingten Veränderungen entgegenwirken kann. Das Ergebnis ist bemerkenswert: Die Tiere, die nach diesem Prinzip fasteten, behielten ihre Fortpflanzungsfähigkeit deutlich besser bei als Vergleichstier.

Der Mechanismus dahinter scheint mit der circadianen Serotonin-Synthese verbunden zu sein. Interessanterweise nimmt deren Aktivität im Alter – insbesondere während der Nacht – zu, wodurch der Tag-Nacht-Unterschied verschwindet. Die dadurch dauerhaft erhöhten hohen Serotonin-Spiegel dämpfen wiederum die sexuelle Motivation. Durch das Fasten wurde jedoch der Transport von Tryptophan in der Nacht ins Gehirn reduziert. Dadurch schwächte sich die hemmende Wirkung von Serotonin auf die Libido ab.

Das Fazit der Forscher: Intermittierendes Fasten könnte ein vielversprechender Ansatz sein, um dem altersbedingten Rückgang der sexuellen Gesundheit bei Männern entgegenzuwirken. (Xie et al. 2025)

RESÜMEE UND AUSBLICK

Im Laufe dieses Buches haben Sie erfahren, dass sich Serotonin als ein Molekül erwiesen hat, das weit über die gängige Vorstellung vom „Glückshormon" hinausgeht. Schließlich ist es an einer Vielzahl lebenswichtiger Prozesse beteiligt – von Stimmung und Schlaf über Schmerzempfinden und Gedächtnis bis hin zum Stoffwechsel. Man könnte sich auch fragen: Was ist die gemeinsame Basis für so unterschiedliche Krankheitsbilder wie Depression, Alzheimer, Fibromyalgie, Schlafstörungen oder Diabetes? Die Antwort: eine veränderte Serotonin-Balance.

Die Kunst, gesund zu bleiben, besteht also darin, ein ausgewogenes System aufrechtzuerhalten – ein Gleichgewicht, das durch genetische Faktoren, den individuellen Lebensstil, eine oftmals unausgewogene Ernährung, das sich verändernde Darmmikrobiom und nicht zuletzt durch eine Vielzahl an Medikamenten beeinflusst wird.

Der Forschung eröffnen sich hier spannende neue Perspektiven: Serotonin und dessen komplexer Metabolismus ist nicht nur ein Ziel für Pharmakotherapien wie klassische Antidepressiva, sondern auch ein Ansatzpunkt für neue präventive und ganzheitliche Maßnahmen.

Bewegung, Fasten oder die Unterstützung des Mikrobioms sind nur einige Beispiele dafür, wie wir selbst Einfluss auf unser komplexes Serotonin-System nehmen können. Und natürlich spielt auch die Ernährung eine wesentliche Rolle, denn Ihr Körper braucht ausreichend Tryptophan, damit Serotonin überhaupt erst produziert werden kann.

Wenn Sie also selbst aktiv etwas für Ihren Serotonin-Spiegel tun möchten, greifen Sie am besten vermehrt zu tryptophanhaltigen Nahrungsmitteln wie Sojabohnen, Erdnüssen, Thunfisch & Co.

Möchten Sie Serotonin über seinen direkten Vorläufer 5-HTP zuführen, ist dies seit 2022 leider nicht mehr möglich, da die Europäische Behörde für Lebensmittelsicherheit (EFSA) es untersagt hat, was in Wissenschaftskreisen mit großem Unverständnis aufgenommen wurde. Über Jahrzehnte hinweg wurde reines 5-HTP erfolgreich in der Medizin eingesetzt, ohne dabei nennenswerte Nebeneffekte hervorzurufen. Seit 2022 ist für 5-HTP nach Aussagen der EFSA plötzlich die Wirksamkeit nicht mehr belegbar und die Sicherheit der Produkte mit angereichertem beziehungsweise reinem 5-HTP wird ebenfalls angezweifelt. Aber: Das Pulver der Griffonia-Samen, die naturbedingt 5-HTP enthalten und jahrelang als Ausgangsstoff zur Gewinnung von reinem 5-HTP dienten, darf weiterhin ohne Beschränkung als Nahrungsergänzung genutzt werden.

Vor einiger Zeit ist es gelungen, ein chronobiologisch optimiertes Darreichungsschema zu entwickeln, das hervorragende Ergebnisse erzielt. Dabei wird 5-HTP in Form von Griffonia-Samen in niedriger Dosierung, zum Beispiel bis 250 Milligramm Griffonia-Samen, was 50 Milligramm 5-HTP entspricht, als sofort und schnell freisetzende Substanz in Kombination mit reinem L-Tryptophan in zeitverzögerter und langsam freisetzender Form und mittelhoher Dosierung, zum Beispiel 250 Milligramm, verabreicht.

Das führt zum folgenden Prozess: Das 5-HTP aus den Griffonia-Samen gelangt primär ins zentrale Nervensystem, ohne zuvor im Magen-Darm-Trakt abgebaut zu werden. Die verzögerte und langsame Freisetzung von Tryptophan ermöglicht anschließend dessen Passage ebenfalls durch die Blut-Hirn-Schranke. Da dank dieser speziellen Galenik der Abbau über den Kynurenin-Stoffwechsel nicht angeregt wird, kann im Gehirn eine nahezu physiologische Serotonin-Synthese stattfinden.

Klinische Studien an Patienten mit leicht- bis mittelschweren Depressionen konnten bereits zeigen, dass diese Darreichungsform nicht nur gegenüber Placebo signifikant überlegen ist, sondern auch gegenüber der alleinigen Gabe jeweils von Tryptophan und 5-HTP. Zudem wurden keine produktbedingten Nebenwirkungen beobachtet. (Fauteck 2020) Somit stellt diese spezielle Darreichungsform, die aber immer noch als Nahrungsergänzung gilt, eine gute Möglichkeit dar, um speziell einem Serotonin-Defizit oder einem vermehrten Serotonin-Bedarf im Gehirn nebenwirkungsarm zu begegnen.

Vorsicht ist derzeit aber noch bei der gleichzeitigen Einnahme von Produkten mit Tryptophan, 5-HTP und/oder deren Kombination geboten, welche zum Beispiel die Wiederaufnahme beziehungsweise den Abbau von Serotonin hemmen. Hier kann eine zu starke Konzentration von Serotonin speziell im zentralen Nervensystem entstehen, was das Serotonin-Syndrom hervorrufen könnte – mit seinen charakteristischen Symptomen wie Veränderungen der psychischen Verfassung, Ruhelosigkeit, Muskelzuckungen, gesteigerter Reflexbereitschaft, Schwitzen, Schüttelfrost und Tremor.

Auch wenn dieses Syndrom sehr selten ist, wird vermutet, dass seine Häufigkeit mit der Zeit zunehmen wird, da immer mehr neuropsychiatrische Medikamente miteinander kombiniert werden. Einzeln hat ein jedes dieser Medikamente ein absolut niedriges Potenzial, das Serotonin-Syndrom hervorzurufen. In ihrer Kombination steigt das Risiko jedoch umso höher, je mehr diese Medikamente kombiniert werden. (Burk et al. 2025, Yu et al. 2025)

Neueste Forschungen untersuchen auch bereits weitere innovative Möglichkeiten, um das Serotonin-System anzuregen und zu fördern, zum Beispiel durch Licht oder Magnetfelder. So konnte beispielsweise Patienten mit therapieresistenter Depression und Angstzuständen – trotz der Einnahme verschiedener SSRIs plus Psychotherapie plus Verhaltenstherapie – durch eine mehrwöchige transkraniale Lichttherapie geholfen werden, ihre Symptome zu lindern. (Jamail & Fuller 2025)

Überhaupt darf man gespannt sein, welche bahnbrechenden wissenschaftlichen Erkenntnisse zu Serotonin in Zukunft zutage treten werden. Jüngste Studien deuten beispielsweise darauf hin, dass Serotonin entscheidend für die Gesundheit der Plazenta und somit für die Entwicklung des Fötus ist. Hier wird vor allem die neurologische Entwicklung des Ungeborenen unterstützt. (de Souza et al. 2025)

Wohlbefinden und Gesundheit – ob psychisch oder körperlich – können selten auf ein einzelnes Organ oder System reduziert werden. Sie entstehen vielmehr aus einem komplexen Zusammenspiel mehrerer Faktoren und als Resultat eines fein abgestimmten Netzwerks. Serotonin nimmt dabei eine zentrale Rolle ein: Das tiefe Verständnis dieses wichtigen Botenstoffs eröffnet somit neue Einblicke in die grundlegenden Mechanismen, die unsere Gesundheit und unser Verhalten prägen.

8 Tipps, wie Sie Serotonin natürlich steigern können

- Sonne tanken: Schon 10–15 Minuten Tageslicht täglich regen die Serotonin-Produktion an.
- Lichttherapie nutzen: Spezielle Lampen mit 10.000 Lux können Sonnenlicht ersetzen und die Serotonin-Produktion anregen – ideal sind 20–30 Minuten täglich.
- Regelmäßig bewegen: Bereits 20 Minuten Bewegung am Tag – etwa zügiges Gehen, Radfahren oder Training – fördern die Ausschüttung von Serotonin.
- Gesunde Ernährung: Tryptophan-reiche Lebensmittel unterstützen die Serotonin-Bildung. Dazu zählen beispielsweise Truthahn, Eier, Milch und Lachs (siehe Abbildung 12 auf Seite 69).
- Achtsamkeit & Meditation: Regelmäßiges Meditieren und Achtsamkeitsübungen steigern die Serotonin-Werte. Schon 20 Minuten pro Tag können helfen.
- Soziale Kontakte pflegen: Zeit mit Familie und Freunden setzt Oxytocin frei, das wiederum die Serotonin-Produktion anregt und Stress reduziert.
- Massagen genießen: Ob professionell oder als Selbstmassage – Massagen regen das Nervensystem an und fördern so die Ausschüttung von Serotonin.

- Gezielt ergänzen: Bestimmte Präparate wie Tryptophan oder 5-HTP oder eine Kombination aus beiden können hilfreich sein. Auch bestimmte Präbiotika können sich positiv auf den Serotonin-Haushalt auswirken.

Vor Beginn all dieser Maßnahmen bitte den etwaigen Serotonin-Mangel ärztlich abklären lassen.

In diesem Sinne: Bleiben Sie glücklich, geistig fit und gesund! Serotonin hilft Ihnen dabei!

ABKÜRZUNGSVERZEICHNIS

5-HIAA: 5-Hydroxyindolessigsäure
5-HTTLPR: Serotonin-Transporter-Linked Polymorphic Region
5-HT: 5-Hydroxytryptamin (= Serotonin)
5-HTP: 5-Hydroxytryptophan
AhR: Aryl-Hydrocarbon-Rezeptor
ATP: Adenosintriphosphat
BDNF: Brain-derived neurotrophic factor
BH4: Tetrahydrobiopterin
BMI: Body-Mass-Index
cAMP: Zyklisches Adenosinmonophosphat
CO_2: Kohlendioxid
CSF: Gehirn-Rückenmark-Flüssigkeit
DCVs: Dense Core Vesicles
DNA: Desoxyribonukleinsäure
EFSA: Europäische Behörde für Lebensmittelsicherheit
GABA: Gamma-Aminobuttersäure
GLP-1: Glucagon-like Peptide-1
GRM4: Metabotroper Glutamatrezeptor 4
HPA-Achse: Hypothalamus-Hypophysen-Nebennierenrinden-Achse
IAA: Indol-3-Essigsäure
IDO: Indolamin-2,3-Dioxygenase
IF: Intermittierendes Fasten
IFN-γ: Interferon-gamma
IL-6: Interleukin-6
ILA: Indol-3-Milchsäure

IPA: Indol-3-Propionsäure
KHK: Koronare Herzkrankheit
MAO: Monoaminoxidase
miRNA: Mikro-RNA
mRNA: Messenger-RNA
NAD^+ Nicotinamid-Adenin-Dinukleotid
NET: Neuroendokriner Tumor
OSA: Obstruktive Schlafapnoe
PNS: Peripheres Nervensystem
PSSD: Post-SSRI-Sexuelle Dysfunktion
RNA: Ribonukleinsäure
SAD: Saisonal bedingte Depression
SERT: Serotonin-Transporter
SNRI: Serotonin-Noradrenalin-Wiederaufnahmehemmer
SSRI: Serotonin-Wiederaufnahmehemmer
TDO: Tryptophan-2,3-Dioxygenase
TPH1: Tryptophan-Hydroxylase 1
TPH2: Tryptophan-Hydroxylase 2
TrkB: Tropomyosin-Rezeptor-Kinase B
REM: Rapid Eye Movement
SCFAs: Short-chain fatty acids, kurzkettige Fettsäuren
SNpc: Substantia nigra pars compacta
TNF-α: Tumornekrosefaktor-alpha
TRYCATs: Tryptophan-Kataboliten
UV: Ultraviolette Strahlung
VNTR: Variable Number Tandem Repeats
ZNS: Zentralnervensystem

QUELLENVERZEICHNIS

Abd El-Fattah EE. *IDO/kynurenine pathway in cancer: possible therapeutic approaches.* In: J Transl Med. 2022 Aug 2;20(1):347.

Abdel-Rahman M, Hussein AA, Ahmed-Farid OA, Sawi AA, Abdel Moneim AE. *Intermittent fasting alerts neurotransmitters and oxidant/antioxidant status in the brain of rats.* In: Metab Brain Dis. 2024 Oct;39(7):1291–1305.

Aboagye B, Weber T, Merdian HL, Bartsch D, Lesch KP, Waider J. *Serotonin deficiency induced after brain maturation rescues consequences of early life adversity.* In: Sci Rep. 2021 Mar 8;11(1):5368.

Agrawal L, Korkutata M, Vimal SK, Yadav MK, Bhattacharyya S, Shiga T. *Therapeutic potential of serotonin 4 receptor for chronic depression and its associated comorbidity in the gut.* In: Neuropharmacology. 2020 Apr;166:107969.

Al-Nimer MSM, Mohammad TAM, Alsakeni RA. *Serum levels of serotonin as a biomarker of newly diagnosed fibromyalgia in women: Its relation to the platelet indices.* In: J Res Med Sci. 2018 Aug 23;23:71.

Al Sharie S, Varga SJ, Al-Husinat L, Sarzi-Puttini P, Araydah M, Bal'awi BR, Varrassi G. *Unraveling the Complex Web of Fibromyalgia: A Narrative Review.* In: Medicina (Kaunas). 2024 Feb 4;60(2):272.

Alcocer-Gómez E, Sánchez-Alcázar JA, Cordero MD. *Coenzyme q10 regulates serotonin levels and depressive symptoms in fibromyalgia patients: results of a small clinical trial.* In: J Clin Psychopharmacol. 2014 Apr;34(2):277–8.

Alfaro-Rodríguez A, Reyes-Long S, Roldan-Valadez E, González-Torres M, Bonilla-Jaime H, Bandala C, Avila-Luna A, Bueno-Nava A, Cabrera-Ruiz E, Sanchez-Aparicio P, González Maciel A, Dotor-Llerena AL, Cortes-Altamirano JL. *Association of the Serotonin and Kynurenine Pathways as Possible Therapeutic Targets to Modulate Pain in Patients with Fibromyalgia.* In: Pharmaceuticals (Basel). 2024 Sep 12;17(9):1205.

Ali NH, Al-Kuraishy HM, Al-Gareeb AI, Albuhadily AK, Hamad RS, Alexiou A, Papadakis M, Saad HM, Batiha GE. *Role of brain renin-angiotensin system in depression: A new perspective.* In: CNS Neurosci Ther. 2024 Apr;30(4):e14525.

Alimohammadi-Kamalabadi M, Ziaei S, Hasani M, Mohammadi S, Mehrbod M, Morvaridi M, Persad E, Belančić A, Malekahmadi M, Estêvão MDDMAO, Daneshzad E, Heshmati J. *Does vitamin D supplementation impact serotonin levels? A systematic review and meta-analysis.* In: Health Sci Rep. 2024 Jul 30;7(8):e2276.

Alonso L, Peeva P, Stasko S, Bader M, Alenina N, Winter Y, Rivalan M. *Constitutive depletion of brain serotonin differentially affects rats' social and cognitive abilities.* In: iScience. 2023 Jan 18;26(2):105998.

Alzheimer's Disease International (ADI). *Dementia statistics. How many people have dementia worldwide? Are the numbers increasing? What is the cost of dementia care?* O. J. Verfügbar unter: https://www.alzint.org/about/dementia-facts-figures/dementia-statistics/ (Zugriff am 24.06.2025).

Andrews PW, Bosyj C, Brenton L, Green L, Gasser PJ, Lowry CA, Pickel VM. *All the brain's a stage for serotonin: the forgotten story of serotonin diffusion across cell membranes.* In: Proc Biol Sci. 2022 Nov 9;289(1986):20221565.

Andrzejewski K, Orłowska ME, Zaremba M, Joniec-Maciejak I, Kaczyńska K. *Impact of Serotonergic 5HT1A and 5HT2A Receptor Activation on the Respiratory Response to Hypercapnia in a Rat Model of Parkinson's Disease.* In: Int J Mol Sci. 2024 Apr 17;25(8):4403.

Anstey ML, Rogers SM, Ott SR, Burrows M, Simpson SJ. *Serotonin mediates behavioral gregarization underlying swarm formation in desert locusts.* In: Science. 2009 Jan 30;323(5914):627–30.

Anthony DC, Probert F, Gorlova A, Hebert J, Radford-Smith D, Nefedova Z, Umriukhin A, Nedorubov A, Cespuglio R, Shulgin B, Lyundup A, Lesch KP, Strekalova T. *Impact of Serotonin Transporter Absence on Brain Insulin Receptor Expression, Plasma Metabolome Changes, and ADHD-like Behavior in Mice fed a Western Diet.* In: Biomolecules. 2024 Jul 23;14(8):884.

Asadi A, Shadab Mehr N, Mohamadi MH, Shokri F, Heidary M, Sadeghifard N, Khoshnood S. *Obesity and gut-microbiota-brain axis: A narrative review.* In: J Clin Lab Anal. 2022 May;36(5):e24420.

Assavarittirong C, Samborski W, Grygiel-Górniak B. *Oxidative Stress in Fibromyalgia: From Pathology to Treatment.* In: Oxid Med Cell Longev. 2022 Oct 5;2022:1582432.

Aung O, Amorim MR, Mendelowitz D, Polotsky VY. *Revisiting the Role of Serotonin in Sleep-Disordered Breathing.* In: Int J Mol Sci. 2024 Jan 25;25(3):1483.

Azouzi S, Santuz H, Morandat S, Pereira C, Côté F, Hermine O, El Kirat K, Colin Y, Le Van Kim C, Etchebest C, Amireault P. *Antioxidant and Membrane Binding Properties of Serotonin Protect Lipids from Oxidation.* In: Biophys J. 2017 May 9;112(9):1863–1873.

Bahr FS, Ricke-Hoch M, Ponimaskin E, Müller FE. *Serotonin Receptors in Myocardial Infarction: Friend or Foe?* ACS Chem Neurosci. 2024 Apr 17;15(8):1619–1634.

Barbara G, Cremon C, Carini G, Bellacosa L, Zecchi L, De Giorgio R, Corinaldesi R, Stanghellini V. *The immune system in irritable bowel syndrome.* In: J Neurogastroenterol Motil. 2011 Oct;17(4):349–59.

Becker S & Schweinhardt P. *Dysfunctional neurotransmitter systems in fibromyalgia, their role in central stress circuitry and pharmacological actions on these systems.* In: Pain Res Treat. 2012;2012:741746.

Behnoush AH, Khalaji A, Khanmohammadi S, Alehossein P, Saeedian B, Shobeiri P, Teixeira AL, Rezaei N. *Brain-derived neurotrophic factor in fibromyalgia: A systematic review and meta-analysis of its role as a potential biomarker.* In: PLoS One. 2023 Dec 21;18(12):e0296103.

Bennet H, Mollet IG, Balhuizen A, Medina A, Nagorny C, Bagge A, Fadista J, Ottosson-Laakso E, Vikman P, Dekker-Nitert M, Eliasson L, Wierup N, Artner I, Fex M. *Serotonin (5-HT) receptor 2b activation augments glucose-stimulated insulin secretion in human and mouse islets of Langerhans.* In: Diabetologia. 2016 Apr;59(4):744–54.

Berger M, Gray JA, Roth BL. *The expanded biology of serotonin.* In: Annu Rev Med. 2009;60:355–66.

Beretta E, Cuboni G, Deidda G. *Unveiling GABA and Serotonin Interactions During Neurodevelopment to Re-Open Adult Critical Periods for Neuropsychiatric Disorders.* In: Int J Mol Sci. 2025 Jun 9;26(12):5508.

Bethea CL, Lu NZ, Gundlah C, Streicher JM. *Diverse actions of ovarian steroids in the serotonin neural system.* In: Front Neuroendocrinol. 2002 Jan;23(1):41–100.

Beversdorf DQ, Shah A, Jhin A, Noel-MacDonnell J, Hecht P, Ferguson BJ, Bruce D, Tilley M, Talebizadeh Z. *microRNAs and Gene-Environment Interactions in Autism: Effects of Prenatal Maternal Stress and the SERT Gene on Maternal microRNA Expression.* In: Front Psychiatry. 2021 Jul 5;12:668577.

Billan S, Kaidar-Person O, Gil Z. *Treatment after progression in the era of immunotherapy.* In: Lancet Oncol. 2020 Oct;21(10):e463–e476.

Bolognini D, Barki N, Butcher AJ, Hudson BD, Sergeev E, Molloy C, Hodge D, Bradley SJ, Le Gouill C, Bouvier M, Tobin AB, Milligan G. *Chemogenetics defines receptor-mediated functions of short chain free fatty acids.* In: Nat Chem Biol. 2019 May;15(5):489–498.

Bowden K, Brown BG, Batty JE. *5-Hydroxytryptamine: its occurrence in cowhage.* In: Nature. 1954 Nov 13;174(4437):925–6.

Braun T, Voland P, Kunz L, Prinz C, Gratzl M. *Enterochromaffin cells of the human gut: sensors for spices and odorants.* In: Gastroenterology. 2007 May;132(5):1890–901.

Bremshey S, Groß J, Renken K, Masseck OA. *The role of serotonin in depression-A historical roundup and future directions.* In: J Neurochem. 2024 Sep;168(9):1751–1779.

Bruzzone SEP, Ozenne B, Fisher PM, Ortega G, Jørgensen MB, Knudsen GM, Lesch KP, Frokjaer VG. *DNA methylation of serotonin genes as predictive biomarkers of antidepressant treatment response.* In: Prog Neuropsychopharmacol Biol Psychiatry. 2024 Oct 3;136:111160.

Bu F, Bone JK, Fancourt D. *Will things feel better in the morning? A time-of-day analysis of mental health and wellbeing from nearly 1 million observations.* In: BMJ Ment Health 2025;28:e301418.

Buchanan AM, Mena S, Choukari I, Vasa A, Crawford JN, Fadel J, Maxwell N, Reagan L, Cruikshank A, Best J, Nijhout HF, Reed M, Hashemi P. *Serotonin as a biomarker of toxin-induced Parkinsonism.* In: Mol Med. 2024 Mar 1;30(1):33.

Bunney BG, Li JZ, Walsh DM, Stein R, Vawter MP, Cartagena P, Barchas JD, Schatzberg AF, Myers RM, Watson SJ, Akil H, Bunney WE. *Circadian dysregulation of clock genes: clues to rapid treatments in major depressive disorder.* In: Mol Psychiatry. 2015 Feb;20(1):48–55.

Burk A, Merchant A, Rahman H, Patel A, Deshmukh I, Merchant R, Yam A, Yu A, Cai C, Hassam A, Le D, Lambroussis CG. *Serotonin Syndrome Without Overdose: Polypharmacy-Induced Toxicity in a Medically Stable Young Adult.* In: Cureus. 2025 Jun 23;17(6):e86587.

Cai Y, Li X, Zhou H, Zhou J. *The serotonergic system dysfunction in diabetes mellitus.* In: Front Cell Neurosci. 2022 Jul 14;16:899069.

Calzadilla N, Jayawardena D, Qazi A, Sharma A, Mongan K, Comiskey S, Eathara A, Saksena S, Dudeja PK, Alrefai WA, Gill RK. *Serotonin Transporter Deficiency Induces Metabolic Alterations in the Ileal Mucosa.* In: Int J Mol Sci. 2024 Apr 18;25(8):4459.

Capuron L, Neurauter G, Musselman DL, Lawson DH, Nemeroff CB, Fuchs D, Miller AH. *Interferon-alpha-induced changes in tryptophan metabolism. relationship to depression and paroxetine treatment.* In: Biol Psychiatry. 2003 Nov 1;54(9):906–14.

Carabotti M, Scirocco A, Maselli MA, Severi C. *The gut-brain axis: interactions between enteric microbiota, central and enteric nervous systems.* In: Ann Gastroenterol. 2015 Apr-Jun;28(2):203–209.

Cardon I, Grobecker S, Jenne F, Jahner T, Rupprecht R, Milenkovic VM, Wetzel CH. *Serotonin effects on human iPSC-derived neural cell functions: from mitochondria to depression.* In: Mol Psychiatry. 2024 Sep;29(9):2689–2700.

Carhart-Harris RL & Nutt DJ. *Serotonin and brain function: a tale of two receptors.* In: J Psychopharmacol. 2017 Sep;31(9):1091–1120.

Cattaneo A, Cattane N, Begni V, Pariante CM, Riva MA. *The human BDNF gene: peripheral gene expression and protein levels as biomarkers for psychiatric disorders.* In: Transl Psychiatry. 2016 Nov 22;6(11):e958.

Chen GL & Miller GM. *Advances in tryptophan hydroxylase-2 gene expression regulation: new insights into serotonin-stress interaction and clinical implications.* In: Am J Med Genet B Neuropsychiatr Genet. 2012 Mar;159B(2):152–71.

Chen Y, Zhou J, Wang L. *Role and Mechanism of Gut Microbiota in Human Disease.* In: Front Cell Infect Microbiol. 2021 Mar 17;11:625913.

Chen X, Xu D, Yu J, Song XJ, Li X, Cui YL. *Tryptophan Metabolism Disorder-Triggered Diseases, Mechanisms, and Therapeutic Strategies: A Scientometric Review.* In: Nutrients. 2024a Oct 4;16(19):3380.

Chen YH, Kuo TT, Wang V, Cheng PW, Huang EY, Ma KH, Greig NH, Olson L, Hoffer BJ, Tseng KY. *Serotonergic Regulation of Synaptic Dopamine Levels Mitigates L-DOPA-Induced Dyskinesia in a Mouse Model of Parkinson's Disease.* In: J Parkinsons Dis. 2024b;14(5):941–964.

Chen L, Huang S, Wu X, He W, Song M. *Serotonin signalling in cancer: Emerging mechanisms and therapeutic opportunities.* In: Clin Transl Med. 2024c Jul;14(7):e1750.

Chiapeta AV, de Oliveira LL, Leite LB, da Silva BAF, Costa SFF, Soares LL, Moraes AA, Drummond LR, Forte P, José Natali A, Carneiro-Júnior MA. *Resistance Training Before Hyperalgesia Induction Promotes Analgesic Effects Through Central and Peripheral Biomarker Modulation in an Experimental Fibromyalgia-like Model.* In: Life (Basel). 2025 May 24;15(6):849.

Chini CCS, Zeidler JD, Kashyap S, Warner G, Chini EN. *Evolving concepts in NAD+ metabolism.* In: Cell Metab. 2021 Jun 1;33(6):1076–1087.

Choe YM, Suh GH, Lee BC, Choi IG, Kim HS, Kim JW, Hwang J, Yi D, Kim JW. *High-intensity walking in midlife is associated with improved memory in physically capable older adults.* In: Alzheimers Res Ther. 2023 Aug 29;15(1):143.

Chojnacki C, Gąsiorowska A, Popławski T, Konrad P, Chojnacki M, Fila M, Blasiak J. *Beneficial Effect of Increased Tryptophan Intake on Its Metabolism and Mental State of the Elderly.* In: Nutrients. 2023 Feb 7;15(4):847.

Cîmpeanu RC, Caragea EM, Mustață LM, Forțofoiu D, Dragne IG, Alexa RE, Balta A, Ceasovschih A, Șorodoc L, Săndulescu LD. *The Involvement of Serotonin in the Obesity Pathway-A Last Decade Systematic Review of the Literature.* In: Int J Mol Sci. 2025 Mar 27;26(7):3081.

Comai S, Bertazzo A, Brughera M, Crotti S. *Tryptophan in health and disease.* In: Adv Clin Chem. 2020;95:165–218.

Correia AS & Vale N. *Tryptophan Metabolism in Depression: A Narrative Review with a Focus on Serotonin and Kynurenine Pathways.* In: Int J Mol Sci. 2022 Jul 31;23(15):8493.

Correia AS, Cardoso A, Vale N. *BDNF Unveiled: Exploring Its Role in Major Depression Disorder Serotonergic Imbalance and Associated Stress Conditions.* In: Pharmaceutics. 2023a Aug 3;15(8):2081.

Correia AS, Cardoso A, Vale N. *Oxidative Stress in Depression: The Link with the Stress Response, Neuroinflammation, Serotonin, Neurogenesis and Synaptic Plasticity.* In: Antioxidants (Basel). 2023b Feb 13;12(2):470.

Correia AS & Vale N. *Advancements Exploring Major Depressive Disorder: Insights on Oxidative Stress, Serotonin Metabolism, BDNF, HPA Axis Dysfunction, and Pharmacotherapy Advances.* In: International Journal of Translational Medicine. 2024; 4(1):176–196.

Côté F, Fligny C, Fromes Y, Mallet J, Vodjdani G. *Recent advances in understanding serotonin regulation of cardiovascular function.* In: Trends Mol Med. 2004 May;10(5):232–8.

Croft HA. *Understanding the Role of Serotonin in Female Hypoactive Sexual Desire Disorder and Treatment Options.* In: J Sex Med. 2017 Dec;14(12):1575–1584.

Cunningham AB, Brinckmann JA, Harter DEV. *From forest to pharmacy: Should we be depressed about a sustainable Griffonia simplicifolia (Fabaceae) seed supply chain?* In: J Ethnopharmacol. 2021 Oct 5;278:114202.

Currier MB & Nemeroff CB. *Depression as a risk factor for cancer: from pathophysiological advances to treatment implications.* In: Annu Rev Med. 2014;65:203–21.

D'Agnelli S, Arendt-Nielsen L, Gerra MC, Zatorri K, Boggiani L, Baciarello M, Bignami E. *Fibromyalgia: Genetics and epigenetics insights may provide the basis for the development of diagnostic biomarkers.* In: Mol Pain. 2019 Jan-Dec;15:1744806918819944.

Dang T, Russel WA, Saad T, Dhawka L, Ay A, Ingram KK. *Risk for Seasonal Affective Disorder (SAD) Linked to Circadian Clock Gene Variants.* In: Biology (Basel). 2023 Dec 15;12(12):1532.

Daut RA & Fonken LK. *Circadian regulation of depression: A role for serotonin.* In: Front Neuroendocrinol. 2019 Jul;54:100746.

Davidson M, Rashidi N, Nurgali K, Apostolopoulos V. *The Role of Tryptophan Metabolites in Neuropsychiatric Disorders.* In: Int J Mol Sci. 2022 Sep 1;23(17):9968.

Dell'Osso L, Carmassi C, Mucci F, Marazziti D. *Depression, Serotonin and Tryptophan.* In: Curr Pharm Des. 2016;22(8):949–54.

de Souza SL, Aparecida Gomes D, Silva CMD, Barros WMA, Alves SM, Manhães de Castro R. *Tryptophan Metabolism in Developmental Origins of Health and Disease.* In: Nutr Rev. 2025 Aug 4:nuaf127.

Ding R, Su D, Zhao Q, Wang Y, Wang JY, Lv S, Ji X. *The role of microRNAs in depression.* In: Front Pharmacol. 2023 Mar 29;14:1129186.

Dolgacheva LP, Zinchenko VP, Nadeev AD, Goncharov NV. *Serotonergic Regulation in Alzheimer's Disease.* In: Int J Mol Sci. 2025 May 29;26(11):5218.

Dollish HK, Tsyglakova M, McClung CA. *Circadian rhythms and mood disorders: Time to see the light.* In: Neuron. 2024 Jan 3;112(1):25–40.

Dunlop SP, Coleman NS, Blackshaw E, Perkins AC, Singh G, Marsden CA, Spiller RC. *Abnormalities of 5-hydroxytryptamine metabolism in irritable bowel syndrome.* In: Clin Gastroenterol Hepatol. 2005 Apr;3(4):349–57.

Engin AB & Engin A. *Tryptophan Metabolism in Obesity: The Indoleamine 2,3-Dioxygenase-1 Activity and Therapeutic Options.* In: Adv Exp Med Biol. 2024;1460:629-655.

Erdrich S, Hawrelak JA, Myers SP, Harnett JE. *Determining the association between fibromyalgia, the gut microbiome and its biomarkers: A systematic review.* In: BMC Musculoskelet Disord. 2020 Mar 20;21(1):181.

Erickson KI, Voss MW, Prakash RS, Basak C, Szabo A, Chaddock L, Kim JS, Heo S, Alves H, White SM, Wojcicki TR, Mailey E, Vieira VJ, Martin SA, Pence BD, Woods JA, McAuley E, Kramer AF. *Exercise training increases size of hippocampus and improves memory.* In: Proc Natl Acad Sci U S A. 2011 Feb 15;108(7):3017–22.

Erland LA, Murch SJ, Reiter RJ, Saxena PK. *A new balancing act: The many roles of melatonin and serotonin in plant growth and development.* In: Plant Signal Behav. 2015;10(11):e1096469.

Esposito M, Precenzano F, Sorrentino M, Avolio D, Carotenuto M. *A Medical Food Formulation of Griffonia simplicifolia/Magnesium for Childhood Periodic Syndrome Therapy: An Open-Label Study on Motion Sickness.* In: J Med Food. 2015 Aug;18(8):916–20.

Ewuzie Z, Ezeano C, Aderinto N. *A review of exercise interventions for reducing anxiety symptoms: Insights and implications.* In: Medicine (Baltimore). 2024 Oct 11;103(41):e40084.

Ezzati A & Pak VM. *The effects of time-restricted eating on sleep, cognitive decline, and Alzheimer's disease.* In: Exp Gerontol. 2023 Jan;171:112033.

Farrelly LA, Thompson RE, Zhao S, Lepack AE, Lyu Y, Bhanu NV, Zhang B, Loh YE, Ramakrishnan A, Vadodaria KC, Heard KJ, Erikson G, Nakadai T, Bastle RM, Lukasak BJ, Zebroski H 3rd, Alenina N, Bader M, Berton O, Roeder RG, Molina H, Gage FH, Shen L, Garcia BA, Li H, Muir TW, Maze I. *Histone serotonylation is a permissive modification that enhances TFIID binding to H3K4me3.* In: Nature. 2019 Mar;567(7749):535–539.

Fauteck JD & Platzer TM. *Die Chronodiät. Satt essen und abnehmen mit der inneren Uhr.* Wien: Brandstätter Verlag 2016.

Fauteck JD. *Eine Frage der Zeit. Die positive Kraft der Chronobiologie.* Wien: Brandstätter Verlag 2018.

Fauteck JD & Jansen G. *Pflanzen der Lust. Natürliche Potenzmittel zur Steigerung der Libido bei Mann und Frau.* Wien: Brandstätter Verlag 2019.

Fauteck JD. *Hormone und Neurotransmitter aus dem Gleichgewicht.* In: Ärzte Woche, 13. Februar 2020.

Fauteck JD. *Melatonin. Das Geheimnis eines wunderbaren Hormons.* Wien: Brandstätter Verlag 2024.

Feng B, Harms J, Chen E, Gao P, Xu P, He Y. *Current Discoveries and Future Implications of Eating Disorders.* In: Int J Environ Res Public Health. 2023 Jul 8;20(14):6325.

Ferreiro AL, Choi J, Ryou J, Newcomer EP, Thompson R, Bollinger RM, Hall-Moore C, Ndao IM, Sax L, Benzinger TLS, Stark SL, Holtzman DM, Fagan AM, Schindler SE, Cruchaga C, Butt OH, Morris JC, Tarr PI, Ances BM, Dantas G. *Gut microbiome composition may be an indicator of preclinical Alzheimer's disease.* In: Sci Transl Med. 2023 Jun 14;15(700):eabo2984.

Firoozi D, Masoumi SJ, Mohammad-Kazem Hosseini Asl S, Labbe A, Razeghian-Jahromi I, Fararouei M, Lankarani KB, Dara M. *Effects of short-chain fatty acid-butyrate supplementation on expression of circadian-clock genes, sleep quality, and inflammation in patients with active ulcerative colitis: a double-blind randomized controlled trial.* In: Lipids Health Dis. 2024 Jul 13;23(1):216.

Forbes JD, Van Domselaar G, Bernstein CN. *The Gut Microbiota in Immune-Mediated Inflammatory Diseases.* In: Front Microbiol. 2016 Jul 11;7:1081.

Foster JA, Rinaman L, Cryan JF. *Stress & the gut-brain axis: Regulation by the microbiome.* In: Neurobiol Stress. 2017 Mar 19;7:124–136.

Frimpong-Manson K, Ortiz YT, McMahon LR, Wilkerson JL. *Advances in understanding migraine pathophysiology: a bench to bedside review of research insights and therapeutics.* In: Front Mol Neurosci. 2024 Feb 28;17:1355281.

Fu X, Zhang X, Jiang T, Huang Y, Cheng P, Tang D, Gao J, Du J. *Association Between Lifelong Premature Ejaculation and Polymorphism of Tryptophan Hydroxylase 2 Gene in the Han Population.* In: Sex Med. 2020 Jun;8(2):223–229.

Fukushige H, Fukuda Y, Tanaka M, Inami K, Wada K, Tsumura Y, Kondo M, Harada T, Wakamura T, Morita T. *Effects of tryptophan-rich breakfast and light exposure during the daytime on melatonin secretion at night.* In: J Physiol Anthropol. 2014 Nov 19;33(1):33.

Fung TC, Vuong HE, Luna CDG, Pronovost GN, Aleksandrova AA, Riley NG, Vavilina A, McGinn J, Rendon T, Forrest LR, Hsiao EY. *Intestinal serotonin and fluoxetine exposure modulate bacterial colonization in the gut.* In: Nat Microbiol. 2019 Dec;4(12):2064–2073.

García-García ML, Tovilla-Zárate CA, Villar-Soto M, Juárez-Rojop IE, González-Castro TB, Genis-Mendoza AD, Ramos-Méndez MÁ, López-Nárvaez ML, Saucedo-Osti AS, Ruiz-Quiñones JA, Martinez-Magaña JJ. *Fluoxetine modulates the pro-inflammatory process of IL-6, IL-1β and TNF-α levels in individuals with depression: a systematic review and meta-analysis.* In: Psychiatry Res. 2022 Jan;307:114317.

Garofalo C, Cristiani CM, Ilari S, Passacatini LC, Malafoglia V, Viglietto G, Maiuolo J, Oppedisano F, Palma E, Tomino C, Raffaeli W, Mollace V, Muscoli C. *Fibromyalgia and Irritable Bowel Syndrome Interaction: A Possible Role for Gut Microbiota and Gut-Brain Axis.* In: Biomedicines. 2023 Jun 13;11(6):1701.

Gerev V, Pannacci M, Fauteck JD. *Burnout syndrome: the effects of serotonin precursors.* In: Nutrafoods 14, 189–195 (2015).

Gergs U, Gerigk T, Wittschier J, Schmidbaur CT, Röttger C, Mahnkopf M, Edler H, Wache H, Neumann J. *Influence of Serotonin 5-HT4 Receptors on Responses to Cardiac Stressors in Transgenic Mouse Models.* In: Biomedicines. 2021 May 18;9(5):569.

Gershon MD & Margolis KG. The gut, its microbiome, and the brain: connections and communications. In: J Clin Invest. 2021 Sep 15;131(18):e143768.

Gilles M, Wilke A, Kopf D, Nonell A, Lehnert H, Deuschle M. *Antagonism of the serotonin (5-HT)-2 receptor and insulin sensitivity: implications for atypical antipsychotics.* In: Psychosom Med. 2005 Sep-Oct;67(5):748–51.

Goldstein I, Kim NN, Clayton AH, DeRogatis LR, Giraldi A, Parish SJ, Pfaus J, Simon JA, Kingsberg SA, Meston C, Stahl SM, Wallen K, Worsley R. *Hypoactive Sexual Desire Disorder: International Society for the Study of Women's Sexual Health (ISSWSH) Expert Consensus Panel Review.* In: Mayo Clin Proc. 2017 Jan;92(1):114–128.

Guan Y, Yao W, Yu H, Feng Y, Zhao Y, Zhan X, Wang Y. *Chronic stress promotes colorectal cancer progression by enhancing glycolysis through β2-AR/CREB1 signal pathway.* In: Int J Biol Sci. 2023 Apr 2;19(7):2006–2019.

Gul M, Bocu K, Serefoglu EC. *Current and emerging treatment options for premature ejaculation.* In: Nat Rev Urol. 2022 Nov;19(11):659–680.

Guo W & Xiong W. *From gut microbiota to brain: implications on binge eating disorders.* In: Gut Microbes. 2024a Jan-Dec;16(1):2357177.

Guo J, Li L, Cai Y, Kang Y. *The development of probiotics and prebiotics therapy to ulcerative colitis: a therapy that has gained considerable momentum.* In: Cell Commun Signal. 2024b May 14;22(1):268.

Gustafsson H, Nordström A, Nordström P. *Depression and subsequent risk of Parkinson disease: A nationwide cohort study.* In: Neurology. 2015 Jun 16;84(24):2422–9.

Haduch A, Bromek E, Kuban W, Daniel WA. *The Engagement of Cytochrome P450 Enzymes in Tryptophan Metabolism.* In: Metabolites. 2023 May 5;13(5):629.

Hainer C, Mosienko V, Koutsikou S, Crook JJ, Gloss B, Kasparov S, Lumb BM, Alenina N. *Beyond Gene Inactivation: Evolution of Tools for Analysis of Serotonergic Circuitry.* In: ACS Chem Neurosci. 2015 Jul 15;6(7):1116–29.

Hajsl M, Hlavackova A, Broulikova K, Sramek M, Maly M, Dyr JE, Suttnar J. *Tryptophan Metabolism, Inflammation, and Oxidative Stress in Patients with Neurovascular Disease.* In: Metabolites. 2020 May 19;10(5):208.

Handschuh PA, Murgaš M, Winkler D, Winkler-Pjrek E, Hartmann AM, Domschke K, Baldinger-Melich P, Rujescu D, Lanzenberger R, Spies M. *Summer and SERT: Effect of daily sunshine hours on SLC6A4 promoter methylation in seasonal affective disorder.* In: World J Biol Psychiatry. 2025 Apr;26(4):159–169.

Hansen KF & Obrietan K. *MicroRNA as therapeutic targets for treatment of depression.* In: Neuropsychiatr Dis Treat. 2013;9:1011–21.

Hao S, Shi W, Liu W, Chen QY, Zhuo M. *Multiple modulatory roles of serotonin in chronic pain and injury-related anxiety.* In: Front Synaptic Neurosci. 2023 Apr 18;15:1122381.

He Y, Brouwers B, Liu H, Liu H, Lawler K, Mendes de Oliveira E, Lee DK, Yang Y, Cox AR, Keogh JM, Henning E, Bounds R, Perdikari A, Ayinampudi V, Wang C, Yu M, Tu L, Zhang N, Yin N, Han J, Scarcelli NA, Yan Z, Conde KM, Potts C, Bean JC, Wang M, Hartig SM, Liao L, Xu J, Barroso I, Mokrosinski J, Xu Y, Sadaf Farooqi I. *Human loss-of-function variants in the serotonin 2C receptor associated with obesity and maladaptive behavior.* In: Nat Med. 2022 Dec;28(12):2537–2546.

Healy D & Mangin D. *Post-SSRI sexual dysfunction: barriers to quantifying incidence and prevalence.* In: Epidemiol Psychiatr Sci. 2024 Sep 18;33:e40.

Hizay A, Dag K, Oz N, Comak-Gocer EM, Ozbey-Unlu O, Ucak M, Keles-Celik N. *Lactobacillus acidophilus regulates abnormal serotonin availability in experimental ulcerative colitis.* In: Anaerobe, Volume 80, April 2023, 102710.

Holland TM, Agarwal P, Wang Y, Leurgans SE, Bennett DA, Booth SL, Morris MC. *Dietary flavonols and risk of Alzheimer dementia.* In: Neurology. 2020 Apr 21;94(16):e1749–e1756.

Hou Y, Li J, Ying S. *Tryptophan Metabolism and Gut Microbiota: A Novel Regulatory Axis Integrating the Microbiome, Immunity, and Cancer.* In: Metabolites. 2023 Nov 20;13(11):1166.

Huang J, Wang X, Li B, Shen S, Wang R, Tao H, Hu J, Yu J, Jiang H, Chen K, Luo C, Dang Y, Zhang Y. *L-5-hydroxytryptophan promotes antitumor immunity by inhibiting PD-L1 inducible expression.* In: J Immunother Cancer. 2022 Jun;10(6):e003957.

Ilavská L, Morvová M Jr, Paduchová Z, Muchová J, Garaiova I, Ďuračková Z, Šikurová L, Trebatická J. *The kynurenine and serotonin pathway, neopterin and biopterin in depressed children and adolescents: an impact of omega-3 fatty acids, and association with markers related to depressive disorder. A randomized, blinded, prospective study.* In: Front Psychiatry. 2024 Feb 13;15:1347178.

Imamdin A & van der Vorst EPC. *Exploring the Role of Serotonin as an Immune Modulatory Component in Cardiovascular Diseases.* In: Int J Mol Sci. 2023 Jan 12;24(2):1549.

International Diabetes Federation (IDF). *The Diabetes Atlas. 11th Edition, 2025.* Verfügbar unter: https://diabetesatlas.org/ (Zugriff am 30.07.2025).

Ionescu-Tucker A & Cotman CW. *Emerging roles of oxidative stress in brain aging and Alzheimer's disease.* In: Neurobiol Aging. 2021 Nov;107:86–95.

Irwin MR, Olmstead R, Carroll JE. *Sleep Disturbance, Sleep Duration, and Inflammation: A Systematic Review and Meta-Analysis of Cohort Studies and Experimental Sleep Deprivation.* In: Biol Psychiatry. 2016 Jul 1;80(1):40–52.

Issler O, Haramati S, Paul ED, Maeno H, Navon I, Zwang R, Gil S, Mayberg HS, Dunlop BW, Menke A, Awatramani R, Binder EB, Deneris ES, Lowry CA, Chen A. *MicroRNA 135 is essential for chronic stress resiliency, antidepressant efficacy, and intact serotonergic activity.* In: Neuron. 2014 Jul 16;83(2):344–360.

Jamail J & Fuller L. *Transcranial photobiomodulation as an adjunctive therapy for persistent anxiety and depression in patients undergoing psychotherapy, EMDR, and/or SSRI treatment: A case series.* In: Explore (NY). 2025 Jul 18;21(5):103228.

Jellen LC, Lewis MM, Du G, Wang X, Galvis MLE, Krzyzanowski S, Capan CD, Snyder AM, Connor JR, Kong L, Mailman RB, Brundin P, Brundin L, Huang X. *Low plasma serotonin linked to higher nigral iron in Parkinson's disease.* In: Sci Rep. 2021 Dec 21;11(1):24384.

Jensen KHR, Aarestrup MR, Larsen SV, Köhler-Forsberg K, Knudsen GM, Jørgensen MB, Frokjaer VG. *Psychoneuroendocrine profiles of unmedicated men with major depressive disorder and associations to treatment effects and sexual side-effects.* In: Neurosci Appl. 2024 Feb 23;3:104050.

Ji N, Lei M, Chen Y, Tian S, Li C, Zhang B. *How Oxidative Stress Induces Depression?* In: ASN Neuro. 2023 Jan-Dec;15:17590914231181037.

Jia D, Kuang Z, Wang L. *The role of microbial indole metabolites in tumor.* In: Gut Microbes. 2024 Jan-Dec;16(1):2409209.

Jørandli JW, Thorsvik S, Skovdahl HK, Kornfeld B, Sæterstad S, Gustafsson BI, Sandvik AK, van Beelen Granlund A. *The serotonin reuptake transporter is reduced in the epithelium of active Crohn's disease and ulcerative colitis.* In: Am J Physiol Gastrointest Liver Physiol. 2020 Dec 1;319(6):G761–G768.

Kanen JW, Arntz FE, Yellowlees R, Cardinal RN, Price A, Christmas DM, Apergis-Schoute AM, Sahakian BJ, Robbins TW. *Serotonin depletion amplifies distinct human social emotions as a function of individual differences in personality.* In: Transl Psychiatry. 2021 Feb 1;11(1):81.

Kanova M & Kohout P. *Serotonin-Its Synthesis and Roles in the Healthy and the Critically Ill.* In: Int J Mol Sci. 2021 May 3;22(9):4837.

Kästner N, Richter SH, Urbanik S, Kunert J, Waider J, Lesch KP, Kaiser S, Sachser N. *Brain serotonin deficiency affects female aggression.* In: Sci Rep. 2019 Feb 4;9(1):1366.

Kato-Kataoka A, Nishida K, Takada M, Kawai M, Kikuchi-Hayakawa H, Suda K, Ishikawa H, Gondo Y, Shimizu K, Matsuki T, Kushiro A, Hoshi R, Watanabe O, Igarashi T, Miyazaki K, Kuwano Y, Rokutan K. *Fermented Milk Containing Lactobacillus casei Strain Shirota Preserves the Diversity of the Gut Microbiota and Relieves Abdominal Dysfunction in Healthy Medical Students Exposed to Academic Stress.* In: Appl Environ Microbiol. 2016 May 31;82(12):3649–58.

Kearns R. *The Kynurenine Pathway in Gut Permeability and Inflammation.* In: Inflammation. 2024 Sep 10.

Khowdiary MM, Al-Kuraishy HM, Al-Gareeb AI, Albuhadily AK, Elhenawy AA, Babalghith AO, Shokr MM, Alexiou A, Papadakis M, El-Saber Batiha G. *Dysregulation of serotonergic neurotransmission in Parkinson disease: A key duet.* In: Eur J Pharmacol. 2025 May 15;995:177419.

Kim HJ, Kim JH, Noh S, Hur HJ, Sung MJ, Hwang JT, Park JH, Yang HJ, Kim MS, Kwon DY, Yoon SH. *Metabolomic analysis of livers and serum from high-fat diet induced obese mice.* In: J Proteome Res. 2011 Feb 4;10(2):722–31.

Kim B, Hong VM, Yang J, Hyun H, Im JJ, Hwang J, Yoon S, Kim JE. *A Review of Fermented Foods with Beneficial Effects on Brain and Cognitive Function.* In: Prev Nutr Food Sci. 2016 Dec;21(4):297–309.

Koopman KE, Booij J, Fliers E, Serlie MJ, la Fleur SE. *Diet-induced changes in the Lean Brain: Hypercaloric high-fat-high-sugar snacking decreases serotonin transporters in the human hypothalamic region.* In: Mol Metab. 2013 Aug 7;2(4):417–22.

Kumar A, Pramanik J, Goyal N, Chauhan D, Sivamaruthi BS, Prajapati BG, Chaiyasut C. *Gut Microbiota in Anxiety and Depression: Unveiling the Relationships and Management Options.* In: Pharmaceuticals (Basel). 2023 Apr 9;16(4):565.

Kung HC, Bui NH, Huang BW, Cheruiyot NK, Chang-Chien GP. *Biosynthetic Pathways of Tryptophan Metabolites in Saccharomyces cerevisiae Strain: Insights and Implications.* In: Int J Mol Sci. 2024 Apr 26;25(9):4747.

Kushibiki H, Mizukami H, Osonoi S, Takeuchi Y, Sasaki T, Ogasawara S, Wada K, Midorikawa S, Ryuzaki M, Wang Z, Yamada T, Yamazaki K, Tarusawa T, Tanba T, Mikami T, Matsubara A, Ishibashi Y, Hakamada K, Nakaji S. *Tryptophan metabolism and small fibre neuropathy: a correlation study.* In: Brain Commun. 2024 Mar 25;6(2):fcae103.

Kwon YH, Wang H, Denou E, Ghia JE, Rossi L, Fontes ME, Bernier SP, Shajib MS, Banskota S, Collins SM, Surette MG, Khan WI. *Modulation of Gut Microbiota Composition by Serotonin Signaling Influences Intestinal Immune Response and Susceptibility to Colitis.* In: Cell Mol Gastroenterol Hepatol. 2019;7(4):709–728.

Kwon YH & Khan WI. *Peripheral serotonin: cultivating companionship with gut microbiota in intestinal homeostasis.* In: Am J Physiol Cell Physiol. 2022 Aug 1;323(2):C550–C555.

Lambert GW, Reid C, Kaye DM, Jennings GL, Esler MD. *Effect of sunlight and season on serotonin turnover in the brain.* In: Lancet. 2002 Dec 7;360(9348):1840–2.

Lee J, Jang HR, Lee D, Lee Y, Lee HY. *Gut Bacteria-Derived Tryptamine Ameliorates Diet-Induced Obesity and Insulin Resistance in Mice.* In: Int J Mol Sci. 2025 Feb 4;26(3):1327.

Li H, Wang P, Huang L, Li P, Zhang D. *Effects of regulating gut microbiota on the serotonin metabolism in the chronic unpredictable mild stress rat model.* In: Neurogastroenterol Motil. 2019 Oct;31(10):e13677.

Li G, Li W, Song B, Wang C, Shen Q, Li B, Tang D, Xu C, Geng H, Gao Y, Wang G, Wu H, Zhang Z, Xu X, Zhou P, Wei Z, He X, Cao Y. *Differences in the Gut Microbiome of Women With and Without Hypoactive Sexual Desire Disorder: Case Control Study.* In: J Med Internet Res. 2021 Feb 25;23(2):e25342.

Li X, Cheng W, Shang H, Wei H, Deng C. *The Interplay between Androgen and Gut Microbiota: Is There a Microbiota-Gut-Testis Axis.* In: Reprod Sci. 2022 Jun;29(6):1674–1684.

Li G, Dong S, Liu C, Yang J, Rensen PCN, Wang Y. *Serotonin signaling to regulate energy metabolism: a gut microbiota perspective.* In: Life Metab. 2024 Nov 23;4(2):loae039.

Lin Z, Jiang T, Chen M, Ji X, Wang Y. *Gut microbiota and sleep: Interaction mechanisms and therapeutic prospects.* In: Open Life Sci. 2024 Jul 18;19(1):20220910.

Liu Y, Ho RC, Mak A. *Interleukin (IL)-6, tumour necrosis factor alpha (TNF-α) and soluble interleukin-2 receptors (sIL-2R) are elevated in patients with major depressive disorder: a meta-analysis and meta-regression.* In: J Affect Disord. 2012 Aug;139(3):230–9.

Liu JL, Segovia I, Yuan XL, Gao ZH. *Controversial Roles of Gut Microbiota-Derived Short-Chain Fatty Acids (SCFAs) on Pancreatic β-Cell Growth and Insulin Secretion.* In: Int J Mol Sci. 2020 Jan 30;21(3):910.

Liu N, Sun S, Wang P, Sun Y, Hu Q, Wang X. *The Mechanism of Secretion and Metabolism of Gut-Derived 5-Hydroxytryptamine.* In: Int J Mol Sci. 2021a Jul 25;22(15):7931.

Liu XX, Zhang B, Ai LZ. *Advances in the Microbial Synthesis of 5-Hydroxytryptophan.* In: Front Bioeng Biotechnol. 2021b Feb 3;9:624503.

Liu Y, Zhou N, Zhou L, Wang J, Zhou Y, Zhang T, Fang Y, Deng J, Gao Y, Liang X, Lv J, Wang Z, Xie J, Xue Y, Zhang H, Ma J, Tang K, Fang Y, Cheng F, Zhang C, Dong B, Zhao Y, Yuan P, Gao Q, Zhang H, Xiao-Feng Qin F, Huang B. *IL-2 regulates tumor-reactive CD8+ T cell exhaustion by activating the aryl hydrocarbon receptor.* In: Nat Immunol. 2021c Mar;22(3):358–369.

Liu F, Bai Q, Tang W, Zhang S, Guo Y, Pan S, Ma X, Yang Y, Fan H. *Antioxidants in neuropsychiatric disorder prevention: neuroprotection, synaptic regulation, microglia modulation, and neurotrophic effects.* In: Front Neurosci. 2024 Dec 5;18:1505153.

Lo Iacono L, Ielpo D, Accoto A, Di Segni M, Babicola L, D'Addario SL, Ferlazzo F, Pascucci T, Ventura R, Andolina D. *MicroRNA-34a Regulates the Depression-like Behavior in Mice by Modulating the Expression of Target Genes in the Dorsal Raphè.* In: Mol Neurobiol. 2020 Feb;57(2):823–836.

López-Rocha LD, Ruiz-Hernández A, Martínez-Coronilla G, Leija-Montoya AG, Peña-Peña M, Sánchez-Muñoz F, Rieke-Campoy U, González-Ramírez J. *The Role of Long Non-Coding RNA in Anxiety Disorders: A Literature Review.* In: Int J Mol Sci. 2025 May 23;26(11):5042.

Lu Z, Zhang C, Zhang J, Su W, Wang G, Wang Z. *The Kynurenine Pathway and Indole Pathway in Tryptophan Metabolism Influence Tumor Progression.* In: Cancer Med. 2025 Mar;14(6):e70703.

Luciana M, Collins PF, Depue RA. *Opposing roles for dopamine and serotonin in the modulation of human spatial working memory functions.* In: Cereb Cortex. 1998 Apr-May;8(3):218–26.

Lund A, Nordrehaug JE, Slettom G, Solvang SH, Pedersen EK, Midttun Ø, Ulvik A, Ueland PM, Nygård O, Giil LM. *Plasma kynurenines and prognosis in patients with heart failure.* In: PLoS One. 2020 Jan 10;15(1):e0227365.

Luscher B, Shen Q, Sahir N. *The GABAergic deficit hypothesis of major depressive disorder.* In: Mol Psychiatry. 2011 Apr;16(4):383–406.

Maddaloni G, Barsotti N, Migliarini S, Giordano M, Nazzi S, Picchi M, Errico F, Usiello A, Pasqualetti M. *Impact of Serotonin Deficiency on Circadian Dopaminergic Rhythms.* In: Int J Mol Sci. 2024 Jun 12;25(12):6475.

Madden CJ & Morrison SF. *Endogenous activation of spinal 5-hydroxytryptamine (5-HT) receptors contributes to the thermoregulatory activation of brown adipose tissue.* In: Am J Physiol Regul Integr Comp Physiol. 2010 Mar;298(3):R776–83.

Maffei ME. *5-Hydroxytryptophan (5-HTP): Natural Occurrence, Analysis, Biosynthesis, Biotechnology, Physiology and Toxicology.* In: Int J Mol Sci. 2020 Dec 26;22(1):181.

Magnusson JL, Emter CA, Cummings KJ. *Sex- and age-based differences in the effect of central serotonin on arterial blood pressure regulation.* In: J Appl Physiol (1985). 2020 Dec 1;129(6):1310–1323.

Mahar I, Bambico FR, Mechawar N, Nobrega JN. *Stress, serotonin, and hippocampal neurogenesis in relation to depression and antidepressant effects.* In: Neurosci Biobehav Rev. 2014 Jan;38:173–92.

Mahmood D, Muhammad BY, Alghani M, Anwar J, el-Lebban N, Haider M. *Advancing role of melatonin in the treatment of neuropsychiatric disorders.* In: Egyptian Journal of Basic and Applied Sciences Volume 3, Issue 3, September 2016, Pages 203–218.

Maierean AD, Bordea IR, Salagean T, Hanna R, Alexescu TG, Chis A, Todea DA. *Polymorphism of the Serotonin Transporter Gene and the Peripheral 5-Hydroxytryptamine in Obstructive Sleep Apnea: What Do We Know and What are We Looking for? A Systematic Review of the Literature.* In: Nat Sci Sleep. 2021 Feb 9;13:125–139.

Makhmutova M, Weitz J, Tamayo A, Pereira E, Boulina M, Almaça J, Rodriguez-Diaz R, Caicedo A. *Pancreatic β-Cells Communicate With Vagal Sensory Neurons.* In: Gastroenterology. 2021 Feb;160(3):875–888.e11.

Mannino G, Serio G, Gaglio R, Maffei ME, Settanni L, Di Stefano V, Gentile C. *Biological Activity and Metabolomics of Griffonia simplicifolia Seeds Extracted with Different Methodologies.* In: Antioxidants (Basel). 2023 Sep 1;12(9):1709.

Marazziti D, Akiskal HS, Rossi A, Cassano GB. *Alteration of the platelet serotonin transporter in romantic love.* In: Psychol Med. 1999 May;29(3):741–5.

Margolis KG, Cryan JF, Mayer EA. *The Microbiota-Gut-Brain Axis: From Motility to Mood.* In: Gastroenterology. 2021 Apr;160(5):1486–1501.

Martin AM, Jones LA, Wei L, Spencer NJ, Sanders KM, Ro S, Keating DJ. *Distinguishing the contributions of neuronal and mucosal serotonin in the regulation of colonic motility.* In: Neurogastroenterol Motil. 2022 Aug;34(8):e14361.

Martin VT & Behbehani M. *Ovarian hormones and migraine headache: understanding mechanisms and pathogenesis--part I.* In: Headache. 2006 Jan;46(1):3–23.

Martínez-Rodríguez A, Rubio-Arias JÁ, Ramos-Campo DJ, Reche-García C, Leyva-Vela B, Nadal-Nicolás Y. *Psychological and Sleep Effects of Tryptophan and Magnesium-Enriched Mediterranean Diet in Women with Fibromyalgia.* In: Int J Environ Res Public Health. 2020 Mar 26;17(7):2227.

Martinovic N. *Schmerzmittel mit verzögerter Wirkstofffreigabe bei Patienten mit bisher therapierefraktären chronischen Schmerzen (L-Tryptophan in Kombination mit dem peripheren Abbauhemmer, Benserazid).* 2001. Unveröffentlichtes Manuskript.

Matiş L, Alexandru BA, Fodor R, Daina LG, Ghitea TC, Vlad S. *Effect of Probiotic Therapy on Neuropsychiatric Manifestations in Children with Multiple Neurotransmitter Disorders: A Study.* In: Biomedicines. 2023 Sep 26;11(10):2643.

Mattson MP, Maudsley S, Martin B. *BDNF and 5-HT: a dynamic duo in age-related neuronal plasticity and neurodegenerative disorders.* In: Trends Neurosci. 2004 Oct;27(10):589–94.

Mc Mahon B, Andersen SB, Madsen MK, Hjordt LV, Hageman I, Dam H, Svarer C, da Cunha-Bang S, Baaré W, Madsen J, Hasholt L, Holst K, Frokjaer VG, Knudsen GM. *Seasonal difference in brain serotonin transporter binding predicts symptom severity in patients with seasonal affective disorder.* In: Brain. 2016 May;139(Pt 5):1605–14.

Melo L, Beaupain MC, Ghanavati E, Kuo MF, Nitsche MA. *Neurochemical mechanisms underlying serotonergic modulation of neuroplasticity in humans.* In: Brain Stimul. 2024 Mar-Apr;17(2):421–430.

Meloni M, Puligheddu M, Carta M, Cannas A, Figorilli M, Defazio G. *Efficacy and safety of 5-hydroxytryptophan on depression and apathy in Parkinson's disease: a preliminary finding.* In: Eur J Neurol. 2020 May;27(5):779–786.

Meng X, Grandjean J, Sbrini G, Schipper P, Hofwijks N, Stoop J, Calabrese F, Homberg J. *Tryptophan Hydroxylase 2 Knockout Male Rats Exhibit a Strengthened Oxytocin System, Are Aggressive, and Are Less Anxious.* In: ACS Chem Neurosci. 2022 Oct 19;13(20):2974–2981.

Merkouris E, Brasinika A, Patsiavoura M, Siniosoglou C, Tsiptsios D, Triantafyllis AS, Mueller C, Mpikou I, Samara MT, Christodoulou N, Tsamakis K. *Molecular Basis of Anxiety: A Comprehensive Review of 2014-2024 Clinical and Preclinical Studies.* In: Int J Mol Sci. 2025 Jun 5;26(11):5417.

Messaoudi M, Lalonde R, Violle N, Javelot H, Desor D, Nejdi A, Bisson JF, Rougeot C, Pichelin M, Cazaubiel M, Cazaubiel JM. *Assessment of psychotropic-like properties of a probiotic formulation (Lactobacillus helveticus R0052 and Bifidobacterium longum R0175) in rats and human subjects.* In: Br J Nutr. 2011 Mar;105(5):755–64.

Meston CM & Frohlich PF. *The neurobiology of sexual function.* In: Arch Gen Psychiatry. 2000 Nov;57(11):1012–30.

Millan MJ. *MicroRNA in the regulation and expression of serotonergic transmission in the brain and other tissues.* In: Curr Opin Pharmacol. 2011 Feb;11(1):11–22.

Minerbi A, Gonzalez E, Brereton NJB, Anjarkouchian A, Dewar K, Fitzcharles MA, Chevalier S, Shir Y. *Altered microbiome composition in individuals with fibromyalgia.* In: Pain. 2019 Nov;160(11):2589–2602.

Mokhtar N, Doly S, Courteix C. *Diabetic Neuropathic Pain and Serotonin: What Is New in the Last 15 Years?* In: Biomedicines. 2023 Jul 6;11(7):1924.

Monti JM. *Serotonin control of sleep-wake behavior.* In: Sleep Med Rev. 2011 Aug;15(4):269–81.

Morales-Suárez-Varela M, Amezcua-Prieto C, Peraita-Costa I, Mateos-Campos R, Ayán C, Ortiz-Moncada R, Fernández-Villa T; Grupo de Investigación UniHcos. *Sleep Patterns and Tryptophan Consumption among Students at Spanish Universities: The Unihcos Project.* In: Nutrients. 2024 Jul 22;16(14):2376.

Morrison SF, Madden CJ, Tupone D. *Central neural regulation of brown adipose tissue thermogenesis and energy expenditure.* In: Cell Metab. 2014 May 6;19(5):741–756.

Muneer A. *Kynurenine Pathway of Tryptophan Metabolism in Neuropsychiatric Disorders: Pathophysiologic and Therapeutic Considerations.* In: Clin Psychopharmacol Neurosci. 2020 Nov 30;18(4):507–526.

Muñoz-Castañeda JR, Montilla P, Padillo FJ, Bujalance I, Muñoz MC, Muntané J, Túnez I. *Role of serotonin in cerebral oxidative stress in rats.* In: Acta Neurobiol Exp (Wars). 2006;66(1):1–6.

Murakami Y, Ishibashi T, Tomita E, Imamura Y, Tashiro T, Watcharanurak K, Nishikawa M, Takahashi Y, Takakura Y, Mitani S, Fujigaki H, Ohta Y, Kubo H, Mamiya T, Nabeshima T, Kim HC, Yamamoto Y, Saito K. *Depressive symptoms as a side effect of Interferon-α therapy induced by induction of indoleamine 2,3-dioxygenase 1.* In: Sci Rep. 2016 Jul 20;6:29920.

Musgrove RE, Helwig M, Bae EJ, Aboutalebi H, Lee SJ, Ulusoy A, Di Monte DA. Oxidative stress in vagal neurons promotes parkinsonian pathology and intercellular α-synuclein transfer. In: J Clin Invest. 2019 Jun 13;129(9):3738–3753.

Nakamura K & Hasegawa H. *Production and Peripheral Roles of 5-HTP, a Precursor of Serotonin.* In: Int J Tryptophan Res. 2009;2:37–43.

Nam JH, Leem E, Jeon MT, Jeong KH, Park JW, Jung UJ, Kholodilov N, Burke RE, Jin BK, Kim SR. *Induction of GDNF and BDNF by hRheb(S16H) transduction of SNpc neurons: neuroprotective mechanisms of hRheb(S16H) in a model of Parkinson's disease.* In: Mol Neurobiol. 2015 Apr;51(2):487–99.

Nanri A, Kimura Y, Matsushita Y, Ohta M, Sato M, Mishima N, Sasaki S, Mizoue T. *Dietary patterns and depressive symptoms among Japanese men and women.* In: Eur J Clin Nutr. 2010 Aug;64(8):832–9.

Nazhand A, Durazzo A, Lucarini M, Guerra F, Coêlho AG, Souto EB, Arcanjo DDR, Santin A. *Beneficial Properties and Sustainable Use of a Traditional Medicinal Plant: Griffonia simplicifolia.* In: Challenges 2024, 15, 14.

Nazir MM, Ghaffar W, Mustafa G, Saeed S, Ijaz MU, Ashraf A. *Modulating depression through the gut-brain axis: the role of gut microbiota in therapeutic interventions.* In: Naunyn Schmiedebergs Arch Pharmacol. 2025 Jul 21.

Nebel N & Fricke R. *Schmerzmittel mit verzögerter Wirkstofffreigabe bei Patienten mit Fibromyalgie (L-Tryptophan in Kombination mit dem peripheren Abbauhemmer Benserazid).* 2003. Unveröffentlichtes Manuskript.

Nebigil CG, Choi DS, Dierich A, Hickel P, Le Meur M, Messaddeq N, Launay JM, Maroteaux L. *Serotonin 2B receptor is required for heart development.* In: Proc Natl Acad Sci U S A. 2000 Aug 15;97(17):9508–13.

Neumann J, Hofmann B, Dhein S, Gergs U. *Cardiac Roles of Serotonin (5-HT) and 5-HT-Receptors in Health and Disease.* In: Int J Mol Sci. 2023 Mar 1;24(5):4765.

Numakawa T & Kajihara R. *Involvement of brain-derived neurotrophic factor signaling in the pathogenesis of stress-related brain diseases.* In: Front Mol Neurosci. 2023 Sep 14;16:1247422.

Numakawa T & Kajihara R. *An Interaction between Brain-Derived Neurotrophic Factor and Stress-Related Glucocorticoids in the Pathophysiology of Alzheimer's Disease.* In: Int J Mol Sci. 2024 Jan 27;25(3):1596.

Numakawa T & Kajihara R. *The Role of Brain-Derived Neurotrophic Factor as an Essential Mediator in Neuronal Functions and the Therapeutic Potential of Its Mimetics for Neuroprotection in Neurologic and Psychiatric Disorders.* In: Molecules. 2025 Feb 12;30(4):848.

Ohno Y, Shimizu S, Tokudome K, Kunisawa N, Sasa M. *New insight into the therapeutic role of the serotonergic system in Parkinson's disease.* In: Prog Neurobiol. 2015 Nov;134:104–21.

Ortega MA, Alvarez-Mon MA, García-Montero C, Fraile-Martinez O, Lahera G, Monserrat J, Muñoz-Merida L, Mora F, Rodríguez-Jiménez R, Fernandez-Rojo S, Quintero J, Álvarez-Mon M. *MicroRNAs as Critical Biomarkers of Major Depressive Disorder: A Comprehensive Perspective.* In: Biomedicines. 2021 Nov 10;9(11):1659.

Osadchiy V, Martin CR, Mayer EA. *Gut Microbiome and Modulation of CNS Function.* In: Compr Physiol. 2019 Dec 18;10(1):57–72.

Paredes S, Cantillo S, Candido KD, Knezevic NN. *An Association of Serotonin with Pain Disorders and Its Modulation by Estrogens.* In: Int J Mol Sci. 2019 Nov 15;20(22):5729.

Park SS, Park HS, Kim CJ, Baek SS, Kim TW. *Exercise attenuates maternal separation-induced mood disorder-like behaviors by enhancing mitochondrial functions and neuroplasticity in the dorsal raphe.* In: Behav Brain Res. 2019 Oct 17;372:112049.

Park S, Kim Y, Lee J, Lee JY, Kim H, Lee S, Oh CM. *A Systems Biology Approach to Investigating the Interaction between Serotonin Synthesis by Tryptophan Hydroxylase and the Metabolic Homeostasis.* In: Int J Mol Sci. 2021 Feb 28;22(5):2452.

Patel S, Keating BA, Dale RC. *Anti-inflammatory properties of commonly used psychiatric drugs.* In: Front Neurosci. 2023 Jan 10;16:1039379.

Paulmann N, Grohmann M, Voigt JP, Bert B, Vowinckel J, Bader M, Skelin M, Jevsek M, Fink H, Rupnik M, Walther DJ. *Intracellular serotonin modulates insulin secretion from pancreatic beta-cells by protein serotonylation.* In: PLoS Biol. 2009 Oct;7(10):e1000229.

Pawluski JL, Li M, Lonstein JS. *Serotonin and motherhood: From molecules to mood.* In: Front Neuroendocrinol. 2019 Apr;53:100742.

Pecins-Thompson M, Brown NA, Kohama SG, Bethea CL. *Ovarian steroid regulation of tryptophan hydroxylase mRNA expression in rhesus macaques.* In: J Neurosci. 1996 Nov 1;16(21):7021–9.

Pergolizzi S, Alesci A, Centofanti A, Aragona M, Pallio S, Magaudda L, Cutroneo G, Lauriano ER. *Role of Serotonin in the Maintenance of Inflammatory State in Crohn's Disease.* In: Biomedicines. 2022 Mar 24;10(4):765.

Pfaus JG. *Pathways of sexual desire.* In: J Sex Med. 2009 Jun;6(6):1506–1533.

Pho H, Amorim MR, Qiu Q, Shin MK, Kim LJ, Anokye-Danso F, Jun JJ, Ahima RS, Branco LGS, Kuhn DM, Mateika JH, Polotsky VY. *The effect of brain serotonin deficiency on breathing is magnified by age.* In: Physiol Rep. 2022 May;10(10):e15245.

Pietzner M, Budde K, Rühlemann M, Völzke H, Homuth G, Weiss FU, Lerch MM, Frost F. *Exocrine Pancreatic Function Modulates Plasma Metabolites Through Changes in Gut Microbiota Composition.* In: J Clin Endocrinol Metab. 2021 Apr 23;106(5):e2290–e2298.

Poian LR & Chiavegatto S. *Serotonin Syndrome: The Role of Pharmacology in Understanding Its Occurrence.* In: Cureus. 2023 May 11;15(5):e38897.

Price AE, Anastasio NC, Stutz SJ, Hommel JD, Cunningham KA. *Serotonin 5-HT2C Receptor Activation Suppresses Binge Intake and the Reinforcing and Motivational Properties of High-Fat Food.* In: Front Pharmacol. 2018 Jul 27;9:821.

Pyke RE & Clayton AH. *Lumping, Splitting, and Treating: Therapies Are Needed for Women With Overlapping Sexual Dysfunctions.* In: Sex Med Rev. 2019 Oct;7(4):551–558.

Ramos-Chávez LA, Roldán-Roldán G, García-Juárez B, González-Esquivel D, Pérez de la Cruz G, Pineda B, Ramírez-Ortega D, García Muñoz I, Jiménez Herrera B, Ríos C, Gómez-Manzo S, Marcial-Quino J, Sánchez Chapul L, Carrillo Mora P, Pérez de la Cruz V. *Low Serum Tryptophan Levels as an Indicator of Global Cognitive Performance in Non-demented Women over 50 Years of Age.* In: Oxid Med Cell Longev. 2018 Nov 21;2018:8604718.

Rao STRB, Turek I, Ratcliffe J, Beckham S, Cianciarulo C, Adil SSBMY, Kettle C, Whelan DR, Irving HR. *5-HT3 Receptors on Mitochondria Influence Mitochondrial Function.* In: Int J Mol Sci. 2023 May 5;24(9):8301.

Rapport MM, Green AA, Page IH. *Serum vasoconstrictor, serotonin; isolation and characterization.* In: J Biol Chem. 1948 Dec;176(3):1243–51.

Reiter RJ, Tan DX, Galan A. *Melatonin: exceeding expectations.* In: Physiology (Bethesda). 2014 Sep;29(5):325–33.

Ribas RMG, Oliveira DCL, Silva PC, Martins HAL, Moraes JG, Silva MP, Ribas VR, Calafange COM, Castro AETMS, Castro RM. *The different roles of Griffonia simplicifolia in the treatment of depression: a narrative review.* In: Int J Complement Alt Med. 2021;14(3):167-171.

Ripken D, van der Wielen N, Wortelboer HM, Meijerink J, Witkamp RF, Hendriks HF. *Nutrient-induced glucagon like peptide-1 release is modulated by serotonin.* In: J Nutr Biochem. 2016 Jun;32:142–50.

Rivalan M, Alonso L, Mosienko V, Bey P, Hyde A, Bader M, Winter Y, Alenina N. *Serotonin drives aggression and social behaviors of laboratory male mice in a semi-natural environment.* In: Front Behav Neurosci. 2024 Sep 18;18:1450540.

Robinson JM, Crino OL, Camargo A, Breed MF. *Does a microbial-endocrine interplay shape love-associated emotions in humans? A hypothesis.* In: mSystems. 2025 Jul 14:e0041525.

Rockson C, Girish C, Natarajan H, Menon V. *A Cross-Sectional Trait Versus State Biomarker Analysis of Inflammatory Cytokines and miRNAs in Patients with Major Depressive Disorder.* In: Indian J Psychol Med. 2025 Jan;47(1):57–64.

Römmler A (Hrsg.). *Hormone: Leitfaden für die Anti-Aging-Sprechstunde.* Stuttgart: Thieme 2014.

Rondanelli M, Opizzi A, Faliva M, Bucci M, Perna S. *Relationship between the absorption of 5-hydroxytryptophan from an integrated diet, by means of Griffonia simplicifolia extract, and the effect on satiety in overweight females after oral spray administration.* In: Eat Weight Disord. 2012 Mar;17(1):e22–8.

Rosselló Aubach L, Fornós Roca X, Fernández Álvarez ME. *Effects of Coenzyme Q10, Tryptophan, and Magnesium Supplementation on Fatigue in Patients with Fibromyalgia – A Randomized Trial.* In: J Diet Suppl. 2025;22(3):433–444.

Roth W, Zadeh K, Vekariya R, Ge Y, Mohamadzadeh M. *Tryptophan Metabolism and Gut-Brain Homeostasis.* In: Int J Mol Sci. 2021 Mar 15;22(6):2973.

Rummel NG & Butterfield DA. *Altered Metabolism in Alzheimer Disease Brain: Role of Oxidative Stress.* In: Antioxid Redox Signal. 2022 Jun;36(16-18):1289–1305.

Sabia S, Fayosse A, Dumurgier J, van Hees VT, Paquet C, Sommerlad A, Kivimäki M, Dugravot A, Singh-Manoux A. *Association of sleep duration in middle and old age with incidence of dementia.* In: Nat Commun. 2021 Apr 20;12(1):2289.

Salvan P, Fonseca M, Winkler AM, Beauchamp A, Lerch JP, Johansen-Berg H. *Serotonin regulation of behavior via large-scale neuromodulation of serotonin receptor networks.* In: Nat Neurosci. 2023 Jan;26(1):53–63.

Sampaio A, Marques EA, Mota J, Carvalho J. *Effects of a multicomponent exercise program in institutionalized elders with Alzheimer's disease.* In: Dementia (London). 2019 Feb;18(2):417–431.

Samuthpongtorn C, Chan AA, Ma W, Wang F, Nguyen LH, Wang DD, Okereke OI, Huttenhower C, Chan AT, Mehta RS. *F. prausnitzii potentially modulates the association between citrus intake and depression.* In: Microbiome. 2024 Nov 14;12(1):237.

Sánchez-Florentino ZA, Romero-Martínez BS, Flores-Soto E, Serrano H, Montaño LM, Valdés-Tovar M, Calixto E, Aquino-Gálvez A, López-Riquelme GO, Alvarado R, Argueta J, Solís-Chagoyán H, Sommer B. *Potential of olfactory neuroepithelial cells as a model to study schizophrenia: A focus on GPCRs (Review).* In: Int J Mol Med. 2024 Jan;53(1):7.

Sancho-Alonso M, Sarriés-Serrano U, Miquel-Rio L, Yanes Castilla C, Paz V, Meana JJ, Perello M, Bortolozzi A. *New insights into the effects of serotonin on Parkinson's disease and depression through its role in the gastrointestinal tract.* In: Span J Psychiatry Ment Health. 2024 Jul 9:S2950–2853(24)00039–5.

Sandoval DA & D'Alessio DA. *Physiology of proglucagon peptides: role of glucagon and GLP-1 in health and disease.* In: Physiol Rev. 2015 Apr;95(2):513–48.

Savonije K & Weaver DF. *The Role of Tryptophan Metabolism in Alzheimer's Disease.* In: Brain Sci. 2023 Feb 9;13(2):292.

Sbrini G, Hanswijk SI, Brivio P, Middelman A, Bader M, Fumagalli F, Alenina N, Homberg JR, Calabrese F. *Peripheral Serotonin Deficiency Affects Anxiety-like Behavior and the Molecular Response to an Acute Challenge in Rats.* In: Int J Mol Sci. 2022 Apr 29;23(9):4941.

Schiele MA, Zwanzger P, Schwarte K, Arolt V, Baune BT, Domschke K. *Serotonin Transporter Gene Promoter Hypomethylation as a Predictor of Antidepressant Treatment Response in Major Depression: A Replication Study.* In: Int J Neuropsychopharmacol. 2021 Mar 17;24(3):191–199.

Schneider E, Doll JPK, Schweinfurth N, Kettelhack C, Schaub AC, Yamanbaeva G, Varghese N, Mählmann L, Brand S, Eckert A, Borgwardt S, Lang UE, Schmidt A. *Effect of short-term, high-dose probiotic supplementation on cognition, related brain functions and BDNF in patients with depression: a secondary analysis of a randomized controlled trial.* In: J Psychiatry Neurosci. 2023 Jan 18;48(1):E23–E33.

Schneider E, O'Riordan KJ, Clarke G, Cryan JF. *Feeding gut microbes to nourish the brain: unravelling the diet-microbiota-gut-brain axis.* In: Nat Metab. 2024 Aug;6(8):1454–1478.

Schwarcz R & Stone TW. *The kynurenine pathway and the brain: Challenges, controversies and promises.* In: Neuropharmacology. 2017 Jan;112(Pt B):237–247.

Scotton WJ, Hill LJ, Williams AC, Barnes NM. *Serotonin Syndrome: Pathophysiology, Clinical Features, Management, and Potential Future Directions.* In: Int J Tryptophan Res. 2019 Sep 9;12:1178646919873925.

Sejbuk M, Siebieszuk A, Witkowska AM. *The Role of Gut Microbiome in Sleep Quality and Health: Dietary Strategies for Microbiota Support.* In: Nutrients. 2024 Jul 13;16(14):2259.

Shabbir F, Patel A, Mattison C, Bose S, Krishnamohan R, Sweeney E, Sandhu S, Nel W, Rais A, Sandhu R, Ngu N, Sharma S. *Effect of diet on serotonergic neurotransmission in depression.* In: Neurochem Int. 2013 Feb;62(3):324–9.

Shamabadi A & Akhondzadeh S. *Advances in Alternative and Integrative Medicine in the Treatment of Depression: A Review of the Evidence.* In: Arch Iran Med. 2021 May 1;24(5):409–418.

Shen Z, Li W, Chang W, Yue N, Yu J. *Sex differences in chronic pain-induced mental disorders: Mechanisms of cerebral circuitry.* In: Front Mol Neurosci. 2023 Feb 20;16:1102808.

Sinenko SA, Kuzmin AA, Skvortsova EV, Ponomartsev SV, Efimova EV, Bader M, Alenina N, Tomilin AN. *Tryptophan Hydroxylase-2-Mediated Serotonin Biosynthesis Suppresses Cell Reprogramming into Pluripotent State.* In: Int J Mol Sci. 2023 Mar 2;24(5):4862.

Singh YP & Kumar H. *Tryptamine: A privileged scaffold for the management of Alzheimer's disease.* In: Drug Dev Res. 2023 Dec;84(8):1578–1594.

Stankov BM, Georgiev T, Gervasoni M, Fauteck JD. *Controlled-release formulations containing tryptophan and/or 5-hydroxytryptophan. A controlled clinical trial for mild and moderate depression.* In: Nutrafoods 2007, 6:13–18.

St-Onge MP, Zuraikat FM, Neilson M. *Exploring the Role of Dairy Products In Sleep Quality: From Population Studies to Mechanistic Evaluations.* In: Adv Nutr. 2023 Mar;14(2):283–294.

Sutanto CN, Xia X, Heng CW, Tan YS, Lee DPS, Fam J, Kim JE. *The impact of 5-hydroxytryptophan supplementation on sleep quality and gut microbiota composition in older adults: A randomized controlled trial.* In: Clin Nutr. 2024 Mar;43(3):593–602.

Szentirmai É, Millican NS, Massie AR, Kapás L. *Butyrate, a metabolite of intestinal bacteria, enhances sleep.* In: Sci Rep. 2019 May 7;9(1):7035.

Tafet GE & Nemeroff CB. *Pharmacological Treatment of Anxiety Disorders: The Role of the HPA Axis.* In: Front Psychiatry. 2020 May 15;11:443.

Tao Y, Zhou H, Li Z, Wu H, Wu F, Miao Z, Shi H, Huang F, Wu X. *TGR5 deficiency-induced anxiety and depression-like behaviors: The role of gut microbiota dysbiosis.* In: J Affect Disord. 2024 Jan 1;344:219–232.

Taylor S, Furness P, Ashe S, Haywood-Small S, Lawson K. *Comorbid Conditions, Mental Health and Cognitive Functions in Adults with Fibromyalgia.* In: West J Nurs Res. 2021 Feb;43(2):115–122.

Thambyrajah JC, Dilanthi HW, Handunnetti SM, Dissanayake D. *Serum melatonin and serotonin levels in long-term skilled meditators.* In: Explore (NY). 2023 Sep-Oct;19(5):695–701.

Tian J, Stucky CS, Wang T, Muma NA, Johnson M, Du H. *Mitochondrial Dysfunction Links to Impaired Hippocampal Serotonin Release in a Mouse Model of Alzheimer's Disease.* In: J Alzheimers Dis. 2023a;93(2):605–619.

Tian J, Du E, Guo L. *Mitochondrial Interaction with Serotonin in Neurobiology and Its Implication in Alzheimer's Disease.* In: J Alzheimers Dis Rep. 2023b Nov 1;7(1):1165–1177.

Trifunovic S, Stevanovic I, Milosevic A, Ristic N, Janjic M, Bjelobaba I, Savic D, Bozic I, Jakovljevic M, Tesovic K, Laketa D, Lavrnja I. *The Function of the Hypothalamic-Pituitary-Adrenal Axis During Experimental Autoimmune Encephalomyelitis: Involvement of Oxidative Stress Mediators.* In: Front Neurosci. 2021 Jun 17;15:649485.

Tseilikman VE, Tseilikman OB, Karpenko MN, Traktirov DS, Obukhova DA, Shatilov VA, Zhukov MS, Manuilov GV, Yegorov ON, Aristov MR, Lipatov IA, Buksha IA, Epitashvili AE, Pashkov AA, Novak J. *Unraveling the Serotonergic Mechanism of Stress-Related Anxiety: Focus on Co-Treatment with Resveratrol and Selective Serotonin Reuptake Inhibitors.* In: Biomedicines. 2024 Oct 25;12(11):2455.

Turk A, Kunej T, Peterlin B. *MicroRNA-Target Interaction Regulatory Network in Alzheimer's Disease.* In: J Pers Med. 2021 Dec 2;11(12):1275.

Turner EH, Loftis JM, Blackwell AD. *Serotonin a la carte: supplementation with the serotonin precursor 5-hydroxytryptophan.* In: Pharmacol Ther. 2006 Mar;109(3):325–38.

Twarog BM & Page IH. *Serotonin content of some mammalian tissues and urine and a method for its determination.* In: Am J Physiol. 1953 Oct;175(1):157–61.

Uphouse L. *Pharmacology of serotonin and female sexual behavior.* In: Pharmacol Biochem Behav. 2014 Jun;121:31–42.

Ustianowska K, Ustianowski Ł, Machaj F, Gorący A, Rosik J, Szostak B, Szostak J, Pawlik A. *The Role of the Human Microbiome in the Pathogenesis of Pain.* In: Int J Mol Sci. 2022 Oct 31;23(21):13267.

Vahora IS, Tsouklidis N, Kumar R, Soni R, Khan S. *How Serotonin Level Fluctuation Affects the Effectiveness of Treatment in Irritable Bowel Syndrome.* In: Cureus. 2020 Aug 19;12(8):e9871.

van Dalfsen JH & Markus CR. *The serotonin transporter gene-linked polymorphic region (5-HTTLPR) and the sleep-promoting effects of tryptophan: A randomized placebo-controlled crossover study.* In: J Psychopharmacol. 2019 Aug;33(8):948–954.

van Galen KA, Ter Horst KW, Serlie MJ. *Serotonin, food intake, and obesity.* In: Obes Rev. 2021 Jul;22(7):e13210.

Vašíček O, Lojek A, Číž M. *Serotonin and its metabolites reduce oxidative stress in murine RAW264.7 macrophages and prevent inflammation.* In: J Physiol Biochem. 2020 Feb;76(1):49–60.

Veniaminova E, Cespuglio R, Chernukha I, Schmitt-Boehrer AG, Morozov S, Kalueff AV, Kuznetsova O, Anthony DC, Lesch KP, Strekalova T. *Metabolic, Molecular, and Behavioral Effects of Western Diet in Serotonin Transporter-Deficient Mice: Rescue by Heterozygosity?* In: Front Neurosci. 2020 Feb 18;14:24.

Verdin E. *NAD⁺ in aging, metabolism, and neurodegeneration.* In: Science. 2015 Dec 4;350(6265):1208–13.

Vigliante I, Mannino G, Maffei ME. *Chemical Characterization and DNA Fingerprinting of Griffonia simplicifolia Baill.* In: Molecules. 2019 Mar 15;24(6):1032.

Vitale G, Carra S, Alessi Y, Campolo F, Pandozzi C, Zanata I, Colao A, Faggiano A, On Behalf Of The Nike Group. *Carcinoid Syndrome: Preclinical Models and Future Therapeutic Strategies.* In: Int J Mol Sci. 2023 Feb 10;24(4):3610.

Walker MT, Bloodworth JC, Kountz TS, McCarty SL, Green JE, Ferrie RP, Campbell JA, Averill SH, Beckman KB, Grammer LC, Eng C, Avila PC, Farber HJ, Rodriguez-Cintron W, Rodriguez-Santana JR, Serebrisky D, Thyne SM, Seibold MA, Burchard EG, Kumar R, Cook-Mills JM. *5-HTP inhibits eosinophilia via intracellular endothelial 5-HTRs; SNPs in 5-HTRs associate with asthmatic lung function.* In: Front Allergy. 2024 May 23;5:1385168.

Wan M, Ding L, Wang D, Han J, Gao P. *Serotonin: A Potent Immune Cell Modulator in Autoimmune Diseases.* In: Front Immunol. 2020 Feb 11;11:186.

Wang YH, Li JQ, Shi JF, Que JY, Liu JJ, Lappin JM, Leung J, Ravindran AV, Chen WQ, Qiao YL, Shi J, Lu L, Bao YP. *Depression and anxiety in relation to cancer incidence and mortality: a systematic review and meta-analysis of cohort studies.* In: Mol Psychiatry. 2020 Jul;25(7):1487–1499.

Wang W, Wang X, Liu L, Liu Z, Han T, Sun C, Yang X. *Dietary tryptophan and the risk of obesity and type 2 diabetes: Total effect and mediation effect of sleep duration.* In: Obesity (Silver Spring). 2022 Feb;30(2):515–523.

Wang X, Fu SQ, Yuan X, Yu F, Ji Q, Tang HW, Li RK, Huang S, Huang PQ, Qin WT, Zuo H, Du C, Yao LL, Li H, Li J, Li DX, Yang Y, Xiao SY, Tulamaiti A, Wang XF, Dai CH, Zhang X, Jiang SH, Hu LP, Zhang XL, Zhang ZG. *A GAPDH serotonylation system couples CD8+ T cell glycolytic metabolism to antitumor immunity.* In: Mol Cell. 2024 Feb 15;84(4):760–775.e7.

Wang J, Fan S, Wang J. *Exercise and its beneficial impacts on mood disorders and neurodegeneration: a novel mechanistic perspective of the exosomes involvement.* In: Mol Cell Biochem. 2025 Jul 18.

WHO. *Mental disorders. Key facts. 8. Juni 2022.* Verfügbar unter: https://www.who.int/news-room/fact-sheets/detail/mental-disorders (Zugriff: 07.07.2025).

Wilson H, Giordano B, Turkheimer FE, Chaudhuri KR, Politis M. *Serotonergic dysregulation is linked to sleep problems in Parkinson's disease.* In: Neuroimage Clin. 2018 Mar 2;18:630–637.

Witkowska A, Jaromirska J, Gabryelska A, Sochal M. *Obstructive Sleep Apnea and Serotoninergic Signalling Pathway: Pathomechanism and Therapeutic Potential.* In: Int J Mol Sci. 2024 Aug 30;25(17):9427.

Wolfe F & Rasker JJ. *The Evolution of Fibromyalgia, Its Concepts, and Criteria.* In: Cureus. 2021 Nov 29;13(11):e20010.

Wong CC & Yu J. *Gut microbiota in colorectal cancer development and therapy.* In: Nat Rev Clin Oncol. 2023 Jul;20(7):429–452.

Wu L, Ran L, Wu Y, Liang M, Zeng J, Ke F, Wang F, Yang J, Lao X, Liu L, Wang Q, Gao X. *Oral Administration of 5-Hydroxytryptophan Restores Gut Microbiota Dysbiosis in a Mouse Model of Depression.* In: Front Microbiol. 2022 Apr 28;13:864571.

Xie L, Wu Q, Li K, Khan MAS, Zhang A, Sinha B, Li S, Chang SL, Brody DL, Grinstaff MW, Zhou S, Alterovitz G, Liu P, Wang X. *Tryptophan Metabolism in Alzheimer's Disease with the Involvement of Microglia and Astrocyte Crosstalk and Gut-Brain Axis.* In: Aging Dis. 2024a Oct 1;15(5):2168–2190.

Xie S, Wang C, Song J, Zhang Y, Wang H, Chen X, Suo H. *Lacticaseibacillus rhamnosus KY16 Improves Depression by Promoting Intestinal Secretion of 5-HTP and Altering the Gut Microbiota.* In: J Agric Food Chem. 2024b Oct 2;72(39):21560–21573.

Xie K, Wang C, Scifo E, Pearson B, Ryan D, Henzel K, Markert A, Schaaf K, Mi X, Tian X, Jia J, Wang M, Bonn S, Schölling M, Möhl C, Bano D, Zhou Y, Ehninger D. *Intermittent fasting boosts sexual behavior by limiting the central availability of tryptophan and serotonin.* In: Cell Metab. 2025 May 6;37(5):1189–1205.e7.

Yabut JM, Crane JD, Green AE, Keating DJ, Khan WI, Steinberg GR. *Emerging Roles for Serotonin in Regulating Metabolism: New Implications for an Ancient Molecule.* In: Endocr Rev. 2019 Aug 1;40(4):1092–1107.

Yan J, Chen D, Ye Z, Zhu X, Li X, Jiao H, Duan M, Zhang C, Cheng J, Xu L, Li H, Yan D. *Molecular mechanisms and therapeutic significance of Tryptophan Metabolism and signaling in cancer.* In: Mol Cancer. 2024 Oct 30;23(1):241.

Yang TH, Hsu PY, Meng M, Su CC. *Supplement of 5-hydroxytryptophan before induction suppresses inflammation and collagen-induced arthritis.* In: Arthritis Res Ther. 2015 Dec 15;17:364.

Yang Y, Zhao S, Yang X, Li W, Si J, Yang X. *The antidepressant potential of lactobacillus casei in the postpartum depression rat model mediated by the microbiota-gut-brain axis.* In: Neurosci Lett. 2022 Mar 23;774:136474.

Yoo YM & Joo SS. *Serotonin Influences Insulin Secretion in Rat Insulinoma INS-1E Cells.* In: Int J Mol Sci. 2024 Jun 21;25(13):6828.

Yoon HS, Jeong Yang J, Rivera ES, Shu XO, Xiang YB, Calcutt MW, Cai Q, Zhang X, Li H, Gao YT, Zheng W, Yu D. *Urinary metabolites and risk of coronary heart disease: A prospective investigation among urban Chinese adults.* In: Nutr Metab Cardiovasc Dis. 2020 Mar 9;30(3):467–473.

Young RL, Lumsden AL, Martin AM, Schober G, Pezos N, Thazhath SS, Isaacs NJ, Cvijanovic N, Sun EWL, Wu T, Rayner CK, Nguyen NQ, Fontgalland D, Rabbitt P, Hollington P, Sposato L, Due SL, Wattchow DA, Liou AP, Jackson VM, Keating DJ. *Augmented capacity for peripheral serotonin release in human obesity.* In: Int J Obes (Lond). 2018 Nov;42(11):1880–1889.

Yu Q, Yao J, Li E, Xia M, Hu Z, Xiao Y, Huang J, Lei M. *Neurological adverse events associated with antidepressants: a comprehensive 22-year analysis of the FDA adverse event reporting system.* In: Front Pharmacol. 2025 Aug 1;16:1644241.

Zamoscik V, Schmidt SNL, Bravo R, Ugartemendia L, Plieger T, Rodríguez AB, Reuter M, Kirsch P. *Tryptophan-enriched diet or 5-hydroxytryptophan supplementation given in a randomized controlled trial impacts social cognition on a neural and behavioral level.* In: Sci Rep. 2021 Nov 4;11(1):21637.

Zhan D, Wang X, Zheng Y, Wang S, Yang B, Pan B, Wang N, Wang Z. *Integrative dissection of 5-hydroxytryptamine receptors-related signature in the prognosis and immune microenvironment of breast cancer.* In: Front Oncol. 2023 Sep 19;13:1147189.

Zhang M & Bian Z. *Alzheimer's Disease and microRNA-132: A Widespread Pathological Factor and Potential Therapeutic Target.* In: Front Neurosci. 2021 May 24;15:687973.

Zhang T, Gao G, Kwok LY, Sun Z. *Gut microbiome-targeted therapies for Alzheimer's disease.* In: Gut Microbes. 2023 Dec;15(2):2271613.

Zhang Y & Wang Y. *The dual roles of serotonin in antitumor immunity.* In: Pharmacol Res. 2024 Jul;205:107255.

Zhang C, Rao Z, Zhan X, Qin J, Yang L, Yin Q, Ji J, Zhao X, Liu Y, Lu Z, Wang G, Huang X, Shi W, Su W, Wang Z. *Deciphering tryptophan metabolism in colorectal cancer through multi-omics analysis.* In: Biochem Biophys Rep. 2025 Aug 12;43:102157.

Zhao J, Zhao F, Yuan J, Liu H, Wang Y. *Gut microbiota metabolites, redox status, and the related regulatory effects of probiotics.* In: Heliyon. 2023 Oct 29;9(11):e21431.

Zhou YS, Meng FC, Cui Y, Xiong YL, Li XY, Meng FB, Niu ZX, Zheng JX, Quan YQ, Wu SX, Han Y, Xu H. *Regular Aerobic Exercise Attenuates Pain and Anxiety in Mice by Restoring Serotonin-Modulated Synaptic Plasticity in the Anterior Cingulate Cortex.* In: Med Sci Sports Exerc. 2022a Apr 1;54(4):566–581.

Zhou S, Chen R, She Y, Liu X, Zhao H, Li C, Jia Y. *A new perspective on depression and neuroinflammation: Non-coding RNA.* In: J Psychiatr Res. 2022b Apr;148:293–306.

Zuraikat FM, Wood RA, Barragán R, St-Onge MP. *Sleep and Diet: Mounting Evidence of a Cyclical Relationship.* In: Annu Rev Nutr. 2021 Oct 11;41:309–332.

Internetquellen

Chronobiology
www.chronobiology.com

Interchron – A Forum for Chronobiology
http://interchron.org

Serotonin – Fachliteratur
https://serotoninfacts.org

Serotonin-Defizit
www.serotonindefizit.com

Alle Abbildungen: Dr. Jan-Dirk Fauteck

ÜBER DIE AUTOREN

Dr. med. Jan-Dirk Fauteck, Chronobiologe, promovierte an der Universität Mailand zum Doktor der Medizin und erforscht seit Jahrzehnten die Rolle der inneren Uhren im menschlichen Organismus. Er ist Gründungsmitglied und wissenschaftlicher Leiter der Fortbildungsakademie für präventionsmedizinisch interessierte Ärzte „ea3m“, European Academy of Preventive and Anti-Aging Medicine. Darüber hinaus ist er Gründungsmitglied sowie Sekretär der „interchron“, dem internationalen Forum für Chronobiologie.

Dr. Andrea Eder, Studium der Vergleichenden Literaturwissenschaft und Germanistik; langjährige Tätigkeit als Redakteurin und Lektorin im Verlagswesen, für Online- und Printmedien sowie Unternehmen in unterschiedlichen Branchen.

Liebe Leserinnen und Leser,
bleiben wir in Verbindung!
Wir freuen uns auf Ihre Anregungen, Kritik und Wünsche.

leserbrief@brandstaetterverlag.com

Christian Brandstätter Verlag GmbH & Co KG
Wickenburggasse 26, 1080 Wien
Tel: +43 1 512154320

Viele weitere Leseinspirationen und Geschenkideen
finden Sie unter
www.brandstaetterverlag.com

1. Auflage, 2025

ISBN: 978-3-7106-0922-0

Umschlaggestaltung: Johanna Kurz
Satz: Burghard List
Lektorat: Arnold Klaffenböck

Papierholz: Holzfrei Offset IQ Print, 120 g/m²
Druck: Print Alliance HAV Produktions GmbH, Bad Vöslau (Österreich)

Wir tragen Verantwortung

Aus diesem Grund haben wir uns auf den Weg gemacht, um unseren Einfluss auf das Klima und auf den Planeten zu minimieren. Anstelle von Kompensationszahlungen, und über die üblichen Umweltlabel hinausgehend, haben wir uns das Ziel gesteckt, den CO_2-Ausstoß auf allen Ebenen signifikant zu verringern – entlang der gesamten Wertschöpfungskette von der Idee bis zum Buch in Ihren Händen. Mehr Informationen finden Sie unter

www.brandstaetterverlag.com/nachhaltigkeit

Bei Fragen zur Sicherheit unserer Produkte wenden Sie sich bitte an

verantwortung@brandstaetterverlag.com